VQ

Francis Nenik ist ein Pseudonym, der Autor scheut die Öffentlichkeit. Er wurde Anfang der 80er geboren und lebt in Leipzig. Zahlreiche Veröffentlichungen in renommierten Zeitschriften wie *Merkur*, *Edit* und *Words Without Borders*, die zum Teil fürs Radio vertont wurden. Sein Debütroman *XO* erschien 2012 in Form einer Loseblattsammlung, im selben Jahr erhielt er den zweiten Preis im Essay-Wettbewerb der Literaturzeitschrift *Edit*. Zuletzt erschienen der Essayband *Doppelte Biografieführung* sowie der Roman *Die Untergründung Amerikas*, im Januar 2017 startete Francis Nenik sein *Tagebuch eines Hilflosen*, in dem er online die Amtszeit von Donald Trump literarisch begleitet.

Der vorliegende Text wurde erstmals in dem Band *Doppelte Biografieführung*, spectorbooks, Leipzig 2016 veröffentlicht. Er wurde für die Neuauflage leicht überarbeitet und um ein Nachwort des Autors ergänzt. Veröffentlichung mit freundlicher Genehmigung von spectorbooks.

Verlag Voland & Quist GmbH, Dresden und Leipzig 2018

Korrektorat: Annegret Schenkel
Umschlaggestaltung: Guerillagrafik
Satz: Fred Uhde
Druck und Bindung: CPI books GmbH, Leck

www.voland-quist.de

FRANCIS NENIK

REISE DURCH EIN TRAGIKOMISCHES JAHRHUNDERT

DAS IRRWITZIGE LEBEN DES HASSO GRABNER

VOLAND & QUIST

Welch eine Lebensgeschichte.
Dass sie nie niedergeschrieben wurde,
ist erstaunlich und bedauerlich zugleich,
aber vielleicht auch verständlich in einer Zeit,
in der es nur so von eilig verfassten Erinnerungen wimmelt,
darin kaum Zeitgeschehen vermittelt und wenig erzählt wird.

Daniel Flügel in den *Potsdamer Neuesten Nachrichten*
anlässlich des 100. Geburtstages von Hasso Grabner
im Jahr 2011

Loslaufen

Der 21. Oktober 1911 ist nicht gerade ein weltgeschichtlicher Ausreißer. In Österreich heiratet der Erzherzog eine Prinzessin, und der örtliche Kaiser gibt einen lustigen Trinkspruch zum Besten. In Utica/USA entleeren ein riesiger Mississippi-Farmer und der schmächtige Angestellte eines Wanderzirkus den Inhalt ihrer Revolver in den Körper eines Löwen, der eine zwölfjährige Dompteuse im Maul hält, und in Leipzig wird ein Junge geboren, der auf den Namen Hasso hört und später angibt, von seinem Vater nicht das Geringste zu wissen.

Eine Mutter freilich ist, wie sich's gehört, im Falle des kleinen Hasso vorhanden, und auch der Vater wird später noch auftauchen, gleichob er einem Berg Akten entsteigt. Aber warum auch nicht? Die Männer in der Familie haben's nun mal mit dem Papier, der Großonkel des Jungen hat sogar das zweite Buch von Marxens *Kapital* geschrieben.

Das heißt, so richtig geschrieben hat er's nicht, eher abgeschrieben, was allerdings auch eine Leistung ist, wenn man bedenkt, dass Marx bei seinem Tod im Jahre 1883 kein fertiges Buch, sondern ein derart hieroglyphisches Manuskript hinterlassen hat, dass sein Kompagnon Friedrich Engels nicht nur ein ganzes Jahr, sondern auch einen persönlichen Sekretär brauchte, um das, was Marx ihm da »kaum gruppiert, geschweige verarbeitet« vermacht hatte, auch nur annähernd druckfertig zu bekommen.

Ebendieser Sekretär nun aber war der Großonkel des kleinen Jungen, der da soeben hier, auf dem Papier, geboren worden ist, und während der eine Hasso Grabner heißt, wird der andere Oscar

Eisengarten genannt, und es ist unmittelbar klar, dass dieser Name eine jener gutmütigen Fiktionen ist, wie sie nur das 19. Jahrhundert hervorbringen konnte.

Als die Druckerei des Hamburger Verlegers Otto Meißner jedenfalls im Juli 1885 ihre Presse anwirft, ist es Eisengartens Abschrift des *Kapitals*, die ihr als Vorlage dient.

Jetzt, ein Vierteljahrhundert später, ist vom Großonkel allerdings kaum mehr als ein kleiner, vom englischen Regen verwitterter Grabstein übrig, und alles, was dem jungen Hasso bleibt, sind eine Mutter, die sich ein kärgliches Gehalt als Verkäuferin verdient, und ein Taufschein, der ihm klarmacht, dass sein Vater nicht nur unbekannt, sondern mit der Mutter auch nicht verheiratet war, weshalb sich der Pfarrer gezwungen sieht, dem auf dem Taufschein vorgedruckten Wörtchen »ehelich« handschriftlich das Wörtchen »außer« voranzustellen.

Kurzum: Die Familie hat schon bessere Zeiten gesehen, und auch wenn die Großmutter und die Tante die Mutter unterstützen, reichen die Mittel nicht aus, und im Alter von zwölf Jahren wird Hasso Grabner von Leipzig nach Halle und schließlich weiter nach Gera geschickt, wo er in verschiedenen Pflegefamilien zwar kein Zuhause, aber wenigstens eine Unterkunft findet. Ein Schulabschluss gelingt dem Jungen allerdings nicht, und als er 1926, gerade fünfzehn geworden, nach Leipzig zurückkehrt, liegt die Mutter im Sterben.

Politisch ist Hasso Grabner zu diesem Zeitpunkt allerdings fast schon ein alter Hase. Nicht nur gehört seine Familie – zumindest der Erinnerung nach – zum Uradel der sächsischen Sozialdemokratie, nein, Hasso Grabner hat auch bereits selbst etwas für die Revolution getan und mit zwölf Jahren Munition gestohlen und beim verhassten Jungstahlhelm »spioniert«, weshalb es nicht verwundert, dass er fünfundvierzig Jahre später in einem für die Bezirksleitung der SED verfassten Lebenslauf freiraus erklärt, er habe »im Rahmen meiner kindlichen Möglichkeiten an den ›Bewaffneten Kämpfen 1918–1923‹ teilgenommen.«

Die Erinnerung, das weiß jedes Kind, ist der Grundstoff der Geschichte. Die Ideologie aber, das wird erst später klar werden, ist die Form, in der sie sich äußert.

Jetzt aber, im Jahr 1926, gibt es noch keine Sozialistische Einheitspartei, und Hasso Grabners Leben braucht auch noch keinen schriftlich abgesicherten Verlauf. Die Geschichte muss sich also ein anderes Medium suchen. Dass sie es in einer Zeitschrift für Hellseherei findet, kann freilich niemand ahnen.

Zugegeben, das *Zentralblatt für Okkultismus* ist nicht gerade das, was sich der gemeine Sozialdemokrat zwecks Nachtlektüre aufs Kopfkissen legt, und auch die um Wissenschaftlichkeit bemühten Kommunisten lassen die *Monatsschrift zur Erforschung der gesamten Geheimwissenschaften* für gewöhnlich rechts liegen. Hasso Grabner dagegen beschäftigt sich Tag für Tag mit ihr. Er muss es tun, schließlich hat es sich der Verlag von Max Altmann, wo Grabner Arbeit als Markthelfer gefunden hat, zur Aufgabe gemacht, die Menschheit mit Tonnen von spiritualistischem Schriftgut zu beglücken. Und fürwahr: Die leselustigen Leipziger lechzen geradezu nach Übersinnlichem, und seitdem die Polizei das Verbot des Wahrsageunfugs aufgehoben hat, laufen die Geschäfte umso besser. Und so kommt es, dass Hasso Grabner, der Jungkommunist mit der Nickelbrille und dem sorgsam gescheitelten Haar, die auf dem Markt umherstreunenden Bürger mit Beiträgen über telepathische Pflanzen versorgt, dem brasilianischen Wundermedium Mirabelli sogar unter Universitätsprofessoren Anhänger verschafft und so ganz nebenbei auch noch erfährt, wie es ist, den Menschen als Antenne zu betrachten, woraufhin er von Hellsehern seitenweise Eindrücke über Deutschlands Zukunft erhält, indes seine eigene langsam vergeht, sich an ihm vorbeizuschleichen versucht.

Im Grunde hat's Frau Futur schon zur Tür rausgeschafft als am 23. Mai 1928 im Verlagshaus von Max Altmann in der Leipziger Frommannstraße Nummer 5 etwas Unvorhergesehenes passiert. An diesem Tag, es ist gegen halb sechs Uhr abends, betritt ein älterer Herr das Gebäude und verlangt, Max Altmann persönlich zu sprechen. Einen Grund für seinen Wunsch nennt er nicht, doch lässt man ihn, da es dringend erscheint, schließlich gewähren, und als der Herr kurz darauf vor dem Verleger steht, stellt er sich als Abgesandter des Börsenvereins der Deutschen Buchhändler vor und fragt, noch ein wenig außer Atem, denn er ist die 800 Meter von der Platostraße bis zur Altmannschen Villa gerannt, ob der Herr Verleger jemanden für die Ausbildung bei der Deutschen Buchhändler-Lehranstalt vorschlagen könne. Der Termin sei allerdings bald, im Grunde genommen schon heute, deshalb auch die Eile und der nicht ganz standesgemäße Schweiß auf der Stirn …

Max Altmann überlegt, geht im Kopf seine sämtlichen Markthelfer durch. Dann verneint er.

Im Zimmer nebenan hat Hasso Grabner alles mit angehört. Für lange Überlegungen, das weiß er, ist jetzt keine Zeit. Also öffnet er die vor ihm liegende Tür, tritt ins Zimmer des Verlegers – und schlägt sich selbst als Auszubildenden vor.

Dass der sechzehnjährige Kerl, der da vor ihm steht, noch nicht mal einen Schulabschluss hat, fällt dem Herrn vom Börsenverein gar nicht erst auf. Und auch Max Altmann stimmt, wohl oder übel, zu. Er hat vor nunmehr zwanzig Jahren eine Abhandlung über Hellhörigkeit verlegt, und so wie es aussieht, hat sie Hasso Grabner im Nebenzimmer gerade wiedergefunden.

Zwei Jahre später, im April 1930, schließt Hasso Grabner die Lehre als Jahrgangsbester ab. Sein Preis: Er darf nach Brasilien reisen und im dortigen Blumenau ein Jahr lang bei einem Buchhändler Erfahrungen sammeln. Doch Hasso Grabner lehnt ab. Er, der überzeugte Linke, hat Angst, in Deutschland die Revolution zu verpassen. Außerdem hat in Brasilien das Wundermedium Mirabelli bereits alles gesagt, hat es *vorhergesagt* und via Zentralblatt durch den Leipziger Philosophieprofessor Hans Driesch überliefern und bestätigen lassen: »Ich möchte noch ein sehr eindrucksvolles Phänomen erwähnen: eine Tür hat sich ›geschlossen‹ in einer Entfernung von ca. 5 Metern vom Medium. Das Licht war stets gut, verschiedentlich sogar sehr hell.

4. VIII. 28.
gez.: Prof. Dr. Hans Driesch.«

Keiner weiß mehr

Es ist der 14. September 1930. Die Welt hat eine Wirtschaftskrise, die Weimarer Republik eine Reichstagswahl und Hasso Grabner noch immer keine Revolution erlebt. Stattdessen gibt es Arbeitslosigkeit, Stimmengewinne für die Nationalsozialisten und keine Aussicht auf Besserung. Es sind, wenn man so will, beschissene Zeiten, und selbst das Wundermedium Mirabelli weiß nicht mehr weiter: »Ein Stuhl bewegte sich so, daß die Vorderbeine gehoben wurden, schlug gegen den Fußboden und drehte sich alsdann um sich selbst.«

Hasso Grabner indes will sich nicht um sich selbst drehen, Hasso Grabner will etwas tun. Er, der in den vergangenen Jahren in so ziemlich jede linke Organisation eingetreten ist, der er (bzw. die seiner) habhaft werden konnte, hat, nachdem er bereits 1929 bei den Jungkommunisten Mitglied geworden ist, im August 1930 das Parteibuch der großen KPD angenommen. Weil es ihm aber nicht reicht, nur auf dem Papier Kommunist zu sein, lässt er sich nach Berlin auf die KPD-eigene Reichsparteischule schicken, wo man ihm die theoretische Basis der neuen politischen Heimat vermittelt. Insgesamt fünf Monate lang hört er sich in der hochherrschaftlichen Villa in der Kurzen Straße Nummer 11 lange Vorträge über dialektischen Materialismus, politische Ökonomie und kommunistische Taktik an. Als er im November 1930 schließlich wieder in Leipzig ist, regnet es – und im Norden der Stadt kehren die Dominikaner zurück.

Vielleicht ist es ein Traum, vielleicht aber auch nur eine Erinnerung, die an irgendeiner Stelle auf ihrem Weg durch den Kopf einen Kurzschluss erlitten, das heißt ihren Widerstand gegenüber den Fiktionen aufgegeben und ihren Realitätswert nahe null gesenkt hat – Hasso Grabner jedenfalls kommt es eines Nachts so vor, als lägen in Leipzig, in der Wiege der Sozialdemokratie, eintausend Jungkommunisten. Und er muss es wissen, schließlich ist er seit 1930 Unterbezirksleiter des Kommunistischen Jugendverbandes Deutschlands und als solcher in Leipzig mit der Organisationsarbeit des Parteinachwuchses betraut. Und doch reicht auch das ihm nicht aus, denn Hasso Grabner, der gelernte Buchhändler, der ebenso rast- wie offiziell arbeitslos ist, will die kommunistischen Ideen nicht nur verwalten, sondern aus der Parteizentrale hinaus in die Stadt tragen, in die Betriebe, die Wohnungen, die spirituell verdorbenen Köpfe.

Noch im selben Jahr gründet er deshalb auf dem Gelände einer der größten Baumwollspinnereien Europas eine Betriebszelle für Jungkommunisten, die bald schon zur wichtigsten Zelle der ganzen Stadt wird und – zumindest in den Augen ihrer gut drei Dutzend Mitglieder – Garn genug hat, um von der Weltrevolution zu träumen und sich eine eigene Version bisheriger und künftiger Geschichte zusammenzuspinnen.

Die Realität sieht freilich anders aus, und statt Massenerhebungen und Barrikaden gibt es Malnachmittage und Bastelarbeiten. Die Revolution will schließlich vorbereitet sein. Und so verbringen die Leipziger Jungkommunisten ihre Wochenenden mit dem Bemalen von Transparenten und dem Bekleben von Wänden mit bedrucktem Papier, organisieren Versammlungen, geben Zeitungen heraus und werben vor den Vergnügungsstätten der Stadt um Unterstützung für die kommunistische Sache.

Sonderlich attraktiv ist das nicht und gewinnbringend auch nicht gerade, und als dann doch einmal Zehntausende kommen, zu Ostern 1930 etwa, als der Kommunistische Jugendverband Deutschlands sein Reichsjugendtreffen in Leipzig abhält, der KJVD-Leiter Grabner im Hintergrund die Fäden zieht und der KPD-Vorsitzende Thälmann im Vordergrund spricht, da verdirbt die Polizei den Kommunisten die revolutionäre Sache.

Als es auf der Abschlusskundgebung zu einer Rangelei unter den 80.000 Demonstranten kommt, schießen zwei Polizisten in die Menge, töten einen Kundgebungsteilnehmer – und werden anschließend selbst gelyncht.

Was wie ein Extremfall aussieht, ist zu diesem Zeitpunkt in Leipzig wie in ganz Sachsen allerdings längst politische Normalität, und während die einen mit Druckerschwärze, Farbe und Papier an ihrer Version der Weltrevolution basteln, besorgen sich andere Schusswaffen und Messer und organisieren sich zu Kampfstaffeln, Wehrverbänden und Schutzbünden, deren Mitglieder allesamt Stöcke tragen, die nicht zum Wandern gedacht sind.

Neben den Stöcken gibt es noch Hemden, Sturmriemen, Ledergamaschen, Schirmmützen und Stiefel, denn das ist der Deal: Jede Garde hat ihre eigene Garderobe, und die Dialektik der passenden Ehrerbietung gibt's wie immer gratis dazu: Erst ziehen die Uniformen die jungen Männer an und dann die jungen Männer die Uniformen.

Und dann? Dann fehlen nur noch die passenden Namen. Und so kämpfen am Ende der Weimarer Republik auf kommunistischer Seite neben KJVD-Leuten irgendwann auch Sturmfalken und Antifaschistische Junge Garde, gibt es paramilitärische Rote Wehrstaffeln, Rote Jungstürmer und Rote Frontkämpferbündler, nicht zu vergessen die Rote Jungfront, die wie eine Mischung aus Roten Jungstürmern und Roten Frontkämpferbündlern klingt, tatsächlich aber einen ganz eigenen Rot-Ton besitzt, ebenso wie die proletarischen Hundertschaften und die zahlreichen lokalen Truppen, die sich nach ihrem jeweiligen Anführer benennen.

Bei der SPD dagegen ist man namenstechnisch traditioneller gesinnt, gibt es neben der Sozialistischen Arbeiter-Jugend das straff organisierte Reichsbanner Schwarz-Rot-Gold, das seinerseits wiederum von Kampfstaffeln flankiert wird, die nicht nur über Telefone, sondern über komplette Fernmeldeeinheiten verfügen, die ein eigenes Blinksystem etablieren, das seine Zeichen quer durch ganz Leipzig und bei Bedarf bis zu vierzig Kilometer über die Stadt hinaus sendet und es seinen motorisierten Mitgliedern erlaubt, sofort einzugreifen, wenn nationalsozialistische Truppen wie Stahlhelm, Frontbann oder Jungdeutscher Orden zusammen mit SA und SS anzugreifen versuchen.

Im Grunde genommen kämpft am Ende der Weimarer Republik jeder gegen jeden, und einzig die Gewalt scheint in der Lage, Fakten zu schaffen.

Kommunisten bekämpfen Sozialdemokraten, Sozialdemokraten bekämpfen Nationalsozialisten, Nationalsozialisten bekämpfen Kommunisten und dann wieder zurück und noch mal von vorn. Aber damit noch längst nicht genug. Es kommt auch vor, dass Kommunisten zusammen mit Nationalsozialisten SPD-Veranstaltungen sprengen, sich Sozialdemokraten mit kommunistischen Kampfverbänden gegen die Nazis zusammenschließen und Sozialdemokraten bei besonderen Gelegenheiten mit den Nazis gegen KPD'ler vorgehen, die ihrerseits wiederum nicht müde werden, Abtrünnige aus den eigenen Reihen zu attackieren. Überhaupt folgen, vor allem bei den Kommunisten, die Wehrorganisationen nur sehr bedingt den Anordnungen der Partei, weshalb es nicht verwundert, dass die KP-Führung in Ostsachsen irgendwann erklärt, die aggressiven Jungspunde vom Rotfrontkämpferbund seien nichts als »syndikalistische Halbnarren mit kommunistischen Mitgliedsbüchern in der Tasche«.

Und in Leipzig? Da gibt es schon bald den nächsten Toten, wird am 15. August 1931 der Ortsvorsitzende der Sozialistischen Arbeiter-Jugend während des Flugblattverteilens von einem Jungkommunisten erstochen. Die Chance auf eine Einheitsfront zwischen SPD und KPD ist damit endgültig dahin. In der Wiege der Sozialdemokratie liegt ein totes, neunzehnjähriges Kind.

Hasso Grabner hält sich derweil aus den schlimmsten Schlachten heraus. Der bevorzugte Ort seiner Auseinandersetzungen ist die Stadtbibliothek, nicht die Straße. Grabner liest Nietzsche, Maeterlinck, Luxemburg. Thälmann liest er nicht.

Als die sächsische KPD schließlich 1932 ihren Sitz von Dresden nach Leipzig verlegt, wird Hasso Grabner in den engsten Führungszirkel berufen und im Bereich der Jugendarbeit mit dem Ressort »Gegner« betraut. Er, der einstige Sozialdemokrat, ist fortan dafür verantwortlich, die innerhalb der SPD »links« stehenden Gruppen zum Abfall zu bewegen, um sie »rechts« an die KPD anzuschließen. Argumente für den Übertritt liefert eine Zeitschrift, die sich *Sozialismus ist das Ziel* nennt und sektiererisch genug ist, um zwischen den beiden Ufern eine Brücke zu schlagen. Die Texte dazu schreibt Grabner selbst, derweil seine Freundin die Vervielfältigung übernimmt.

Und siehe da: Die Sache funktioniert, und schon bald kehren die ersten aus der Sozialistischen Arbeiter-Jugend der alten SPD den Rücken und wenden sich den Jungkommunisten und ihrer großen Partei zu. Damit ist der Anfang gemacht, und in den folgenden Monaten steigt die Zahl derer, die in Leipzig die Fronten wechseln, permanent an. In manchen Stadtteilen ist der abgespaltene Teil schließlich so groß, dass dem Rest mangels Masse nur noch die Selbstauflösung bleibt. Gegen die Überzeugungskraft von Konvertiten, das weiß man aus der Kulturgeschichte der politischen Botanik, ist einfach kein Kraut gewachsen.

In der KPD selbst glaubt man derweil, dass die bürgerliche Welt schon lange nicht mehr wächst, sondern verfällt und anfängt zu stinken. Die Weimarer Republik jedenfalls steckt nach Ansicht der Kommunisten anno 1932 in einer tiefen innenpolitischen Krise, der Zusammenbruch des kapitalistisch-imperialistischen Systems steht unmittelbar bevor und die geschichtliche Entwicklung kann nun gar nicht mehr anders, als geradewegs auf die Diktatur des Proletariats zuzulaufen.

Allein, die Geschichte ignoriert das ihr von den Kommunisten verordnete Gesetz, biegt, getrieben von Millionen, am 30. Januar 1933 rechts ab und errichtet ihre eigene Diktatur.

In Leipzig wissen Hasso Grabner und die Seinen sofort, was ihnen die Stunde geschlagen hat, und nachdem am Abend des 30. Januar noch Tausende in der Stadt gegen die Ernennung Hitlers zum Reichskanzler protestiert haben, geben die Kommunisten bereits am nächsten Morgen ihr Hauptquartier auf und tauchen, zu konspirativen Fünfer-Gruppen vereint, unter. In ihren Händen halten sie Flugblätter, Schreibmaschinen und Kopierapparate.

Von einem Untergang freilich will zunächst keiner reden, man gönnt sich vielmehr eine Atempause, die, da ist man sich sicher, nicht lange andauern wird. Die Geschichte hat einfach nur mal kurz die Orientierung verloren, das gibt sich schon wieder. Und dies umso mehr, weil für die Kommunisten die Richtung klar ist – und im Untergrund auch klar bleibt. Die hierarchische Struktur der KPD jedenfalls bestimmt auch in der Illegalität die politische Arbeit, und die Parteileitung fordert die untergetauchten Kommunisten auf, Verbindung »nach oben« zu halten. Oben aber werden sie einer nach dem anderen abgegriffen und verhaftet, und schon im März 1933 konstatiert Hasso Grabner »ein fast völliges Zerbrechen des illegalen Apparates«.

Grabner selbst arbeitet zu diesem Zeitpunkt auf einer Baustelle im Süden der Stadt, wo er mit Hunderten Pflichtarbeitern ein Staubecken errichtet. Aber das ist nur die offizielle Version. Inoffiziell ist er politischer Leiter einer illegalen Parteizelle, die bereits im Februar auf der Baustelle ihre Arbeit aufgenommen hat. Es dauert dann auch nicht lange, und wie drei Jahre zuvor in der Baumwollspinnerei wird die von Grabner geführte Gruppe bald zur wichtigsten der ganzen Stadt. Staubecken, das weiß Hasso Grabner, sind perfekte Orte, um unterzutauchen.

Und doch gibt es einen Unterschied, für die Kommunisten im Allgemeinen wie für Hasso Grabner im Besonderen, denn inzwischen gelten die Gesetze der Illegalität. Wie die theoretisch aussehen, weiß Grabner. Dass es praktisch immer ganz anders kommt, kriegt er im März 1933 zu spüren, denn binnen weniger Tage bekommt er Dutzende Pakete geliefert, von denen keines einen Absender oder sonst eine Möglichkeit zur Rückgabe aufweist, und als er am Abend des 6. März 1933 das letzte Paket öffnet, weiß er, dass sich alle bisher im Verborgenen liegenden Materialien der Leipziger Jungkommunisten nunmehr in seiner Wohnung befinden. Die Wucht des faschistischen Terrors hat alles hier angespült, und der nationalsozialistische Triumph bei den Reichstagswahlen am 5. März nimmt die Sachen auch nicht wieder zurück. Im Gegenteil. In seiner Folge fallen die letzten Schranken, werden Wohnungen aufgebrochen, ihre Bewohner und deren Besitztümer durchsucht und mehr als eintausend Menschen in Leipzig verhaftet. Hasso Grabner auf seiner revolutionären Papierinsel entdecken die Nazischergen allerdings nicht. Vielleicht wollen sie ihn aber auch gar nicht entdecken, vielleicht wollen sie, dass er für die schiffbrüchigen Kommunisten noch ein bisschen den Lockvogel spielt. Hasso Grabner jedenfalls spürt, dass es vom Untertauchen bis zum Ersaufen nur ein kleiner Schritt ist.

Aber es gibt noch einen dritten Ort und damit eine dritte Aufgabe für den rastlosen Grabner. Denn nicht nur ist er auf der Baustelle als Pflichtarbeiter beschäftigt und als politischer Leiter im Einsatz, er ist auch einer der wichtigsten kommunistischen Materialkuriere der Stadt. Sein Hauptquartier ist ein kleiner Zigarettenladen im Leipziger Osten, wo er die illegal hergestellten Flugblätter, Zeitungen und Braunbücher abholt und anschließend verteilt.

Dreihundert Meter von dem Zigarettenladen entfernt, in der Frommannstraße Nummer 5, veröffentlicht Max Altmann derweil die letzte Nummer seines Zentralblatts für Geheimwissenschaften. Es ist die Besprechung eines Buches. Sein Titel: *Streiflichter ins Dunkle.*

Und so geht's dahin, das Jahr '33, und eines ist klar: »Das ist ein Scheißjahr! Der stinkige Höhepunkt, besser gesagt Tiefpunkt schon wahrlich genug beschissener Jahre.« Der ganze Apparat ist zerbrochen und auch die Liebe ist hin. Hasso Grabner jedenfalls beschließt, sich von seiner Freundin zu trennen. Über die Gründe weiß, wenn überhaupt, nur er selbst Bescheid. Und trotzdem ist und bleibt es ein seltsamer Gedanke: Trennung. Während sie um ihn herum einen Kommunisten nach dem anderen aus den Verstecken rausziehen und das Abreißen der Verbindungen nicht mehr aufhören will. Aber was kann er tun? Hasso Grabner entschließt sich, zu seiner Freundin zu gehen, um sich selbst zu entfernen. Doch als er ankommt, ist sie weg. Die Gestapo hat die Verbindung, die er kappen wollte, bereits auf ihre Weise gekappt.

Als Hasso Grabner endlich Nachricht von seiner Freundin erhält, erfährt er, dass man sie ins Gefängnis gebracht und dort untersucht hat. Das Ergebnis lässt sich in einem Wort zusammenfassen: schwanger.

Als die Freundin Monate später für die Geburt kurzzeitig aus dem Gefängnis freikommt, entschließt sich Hasso Grabner, aus der Trennung eine Trauung zu machen. Er will nicht, dass sein Sohn als uneheliches Kind aufwächst. Sie heiraten am 30. April '34. Dann geht seine Frau zurück in den Knast. Hasso Grabner ist verheiratet, getrennt und gebunden.

Was folgt, ist der Sommer. Lang und heiß und alles verklebend. Ein Sommer wie ein Klischee. Ein Sommer, der sich auf Papier drucken lässt. In den *Daten und Fakten zur Leipziger Stadtgeschichte* ist auf Seite 53, in der Spalte »Jahresmittel in °C«, das Kästchen hinter dem Jahr 1934 grau unterlegt. Dazu eine Zahl: 11,1 Grad. Höchstwert. Bis heute. Weil der Sommer so lang und so heiß war. Fünfundsechzig Tage am Stück soll die Sonne in die Stadt hineingebrannt haben. An einem von ihnen wird Hasso Grabner verhaftet.

Um genau zu sein, ist es der 31. Juli, und Hasso Grabner ist nicht der Einzige, den die nationalsozialistischen Häscher an diesem Tag aus den Tiefen irgendeiner Hinterhofwohnung ziehen und in das gleißende Licht eines Gestapo-Kellers stellen. Neben ihm, an der Wand, stehen dreißig weitere Kommunisten, die Augen aufgerissen und weiß wie das Licht, schaudernd und farblos und frierend.

Die Anklage ist einfach, die Taten glasklar: Ganze Straßenzüge haben die Jungkommunisten mit Flugblättern austapeziert, riesige Losungen gegen den Faschismus mit roter Farbe auf die Dächer gemalt und sämtliche Briefkästen der Stadt bis zum Rand mit illegalen Zeitungen gefüllt.

So stellt man sich das vor. Aber so ist es nicht. So ist es ganz und gar nicht.

Es ist alles viel kleiner, viel banaler – und das ist das Drama dieser Geschichte, die im Mai '35 vor dem Oberlandesgericht Dresden als Sammelprozess wegen Vorbereitung zum Hochverrat initiiert wird, sich tatsächlich aber nur abspielt, sich entrollt wie ein Abspann, der längst schon geschrieben worden ist.

In dem Protokoll, das während der Verhandlung entsteht, gibt es keine Dächer, keine rote Farbe, und selbst die Briefkästen der Stadt bleiben leer. Und das müssen sie auch, denn es sind, so steht es geschrieben, meist nicht mehr als ein Dutzend Flugblätter oder Zeitungen, die da pro Aktion von Hand zu Hand gehen, wobei nicht wenige direkt nach, manche sogar schon *vor* dem Lesen von den Jungkommunisten verbrannt werden, indes andere revolutionäre Druckschriften ihr Zuhause in Hausfluren oder auf Fenstersimsen finden, wo sie freilich nur kurzzeitig liegen, und selbst die, die an Wände geklebt oder über eine Mauer auf ein Betriebsgelände geworfen werden, bringen nur selten eine Antwort und nie, niemals, auch nur einen einzigen Mann.

Und so bleibt man unter sich und im Grunde allein, und statt wie noch vor Jahren mit Zehntausenden auf großen Plätzen zu stehen und lauthals Parolen zu rufen, treffen sich die Jungkommunisten jetzt in den Wäldern rund um die Stadt, um das abzuhalten, was man eine konspirative Sitzung, eine *Versammlung*, nennt. Dabei ist meist nur eine Handvoll von ihnen anwesend, und das Einzige, was noch von der großen weiten Welt und der einstigen Macht der KPD kündet, sind ein paar namenlose Kuriere, die zu den unmöglichsten Zeiten mit ihren Motorrädern auftauchen und auch gleich wieder verschwinden, um nichts zu hinterlassen als ein paar Pakete voller Sehnsucht, Flugblätter und Druckschriften, die Namen wie *Rote Fahne* oder *Junge Garde* tragen.

Und Hasso Grabner? Der war laut seiner vor Gericht protokollierten Aussage im technischen Apparat eingesetzt, doch auch das klingt unendlich viel größer, als es eigentlich ist. Von den Zeitschriften, die er zusammen mit anderen hergestellt hat, sind oft kaum mehr als hundert Stück unter die Leute gelangt, und mitunter auch gar keine, denn bisweilen hat Hasso Grabner diejenigen, die für die Verteilung der Schriften bestimmt waren, gar nicht mehr angetroffen. Dann hat er sich der brisanten Fracht selbst angenommen, hat sie in einem Schweinestall am Rande der Stadt deponiert und am nächsten Tag erneut versucht, jemanden für ihre Verteilung zu finden.

Und so entschlüsselt sich die Geschichte von selbst und zeigt in ihren Banalitäten die Abgründe auf: Zwischen dem in den revolutionären Publikationen niedergeschriebenen Anspruch und dem Möglichkeitsraum der Wirklichkeit klafft bei den illegal operierenden Kommunisten ein Loch, das so groß ist wie die Geschichte ihrer Partei. Und doch werden Hasso Grabner und seine dreißig Mitangeklagten im Mai '35 verurteilt, werden aus ihren kleinen, im Nachgang geradezu verzweifelt anmutenden Taten gigantische Umsturzvorhaben gemacht.

Denn das ist die andere Seite der Geschichte. Zwischen der Wirklichkeit des Möglichkeitsraums der Leipziger Jungkommunisten und ihren im Anklageprotokoll niedergeschriebenen Taten klafft ein Loch, das so groß ist wie die Macht der Nationalsozialistischen Partei. Und in genau dieses Loch werden Hasso Grabner und seine dreißig Mitangeklagten gesteckt.

In der Logik der Nationalsozialisten liest sich die Geschichte dann so:

»Soweit die Angeklagten je in mehreren Einzelakten tätig geworden sind, handelt es sich durchweg nur um unselbständige Teile eines von ihnen als Einheit gedachten und äußerlich auch so erscheinenden Unternehmens. Diese Einzelakte fließen daher bei jedem der Angeklagten jeweils zu einer einzigen fortgesetzten Tat der Vorbereitung des Hochverrats zusammen.«

Der Schuldspruch ist damit nur Formsache, allein die Höhe der Strafe überrascht. Volle vier Jahre brummen sie Hasso Grabner auf.

Er hätte es billiger haben können. Aber weil er vor Gericht genauso selbstbewusst aufgetreten ist wie damals, als er bei Max Altmann zur Tür reingeplatzt ist, gibt ihm der Richter die volle Packung – und diesmal schließt sich die Tür.

Hinter den Mauern – die Stadt

Am 3. Mai 1870 wird Karl May ins Zuchthaus Waldheim überstellt. Vier Jahre haben sie ihm, dem Möchtegernschriftsteller, aufgebrummt. Er hätte es billiger haben können, aber er hat geklaut, betrogen und sich als Hochstapler probiert. Sogar als man ihn festnahm, hat er den Gendarmen noch eine Geschichte aufzutischen versucht und erzählt, er sei der Sohn eines reichen Plantagenbesitzers von der Insel Martinique, der auf seiner Reise nach Europa seine persönlichen Papiere verloren habe.

Es kostet die Behörden Wochen, um seine richtige Identität festzustellen.

Bei Hasso Grabner geht das ungleich schneller. Als er am 28. Mai 1935 um Punkt 14.10 Uhr auf dem Bahnhof von Waldheim eintrifft, wissen die Wärter bereits, mit wem sie es zu tun haben. Grabner wird sofort in Handschellen gelegt, auf einen Pferdewagen gepackt und durch die »Perle des Zschopautals« zum Zuchthaus gekarrt.

Dort angekommen, muss er sich entkleiden, wird untersucht, nummeriert und geduscht. Als er aus dem Waschraum tritt, steht er vor mir.

Hasso Grabner. 1 Meter 74 groß und 65 Kilogramm schwer. Er ist 23 Jahre alt, hat volles braunes Haar und eine große, geradlinig verlaufende Nase in einem leicht hageren Gesicht. Sein Kinn ist breit, der Mund von normaler Größe, die Lippen von gewöhnlichem Schwung. Die Zähne dahinter sind vollständig. Er sieht auf den ersten Blick ganz gesund aus. Die Muskulatur ist kräftig und der Knochenbau auch. Wenn er einatmet, kann er seinen Brustumfang auf 93 Zentimeter ausdehnen, wenn er ausatmet, bleiben noch immer 81 Zentimeter übrig. Narben und Tätowierungen hat er keine, dafür einen Leberfleck über dem linken Mundwinkel. Seine Hautfarbe ist weiß, die Haltung aufrecht.

Ja, so steht er vor mir und kleidet sich an, derweil die Wärter alles notieren. Eine Unterhose, ein Paar Strümpfe, ein Hemd, eine Hose, ein Jackett und auf dem Kopf eine Mütze. Als er damit fertig ist, werden die Füße mit einem Paar alter Schuhe bestückt. Dann bekommt Hasso Grabner das, was er sonst noch besitzt. Einen Kamm, einen Spiegel und das Etui mit der Brille. Anschließend wird er abgeführt. Am Finger trägt er einen Ring.

Als Hasso Grabner in seine Zelle tritt, ist Karl May bereits da. Er hat, so sagt er, in Leipzig ein Fell geklaut, und das war der Anfang von allem. Hasso Grabner sagt nichts. Er schaut in den Spiegel und sieht das Seine davonschwimmen. Es treibt stromaufwärts. Über die Pleiße in die Mulde in die Zschopau. Als Hasso Grabner es dort aus dem Fluss fischt, steht Karl May hinter ihm und zuckt mit den Schultern. Kurz darauf wird die Zellentür geöffnet und Hasso Grabner erneut abgeführt.

Was folgt, ist die Intelligenzprüfung. Es geht um die Arbeitsfähigkeit des Neuangekommenen. Und um die Reinhaltung der Rasse. Berufsverbrecher werden sterilisiert, Schwerverbrecher kastriert, Behinderte später der Euthanasie zugeführt. Ein Wisch genügt und die Häftlinge werden von Waldheim aus siebzig Kilometer gen Osten auf die Festung Sonnenstein geschickt, dort vergast und verbrannt. Aber so weit sind wir noch nicht. Erst mal ist Hasso Grabner mit der Intelligenzprüfung dran. Der Gutachter stellt ihm Fragen. Eine davon lautet: »Darf ich mein eigenes Haus anzünden?«

Es folgen noch mehr solcher Perlen. Das Zschopautal ist voll davon.
»Was ist der Unterschied zwischen einer Treppe und einer Leiter?«
»Wie viel ist 18 x 14?«
»Können Sie ein Gedicht aufsagen?«

»Wo ist das leichte Leben? Kann es einer zeigen?«

Das Urteil ist eindeutig. Hasso Grabner ist nicht nur kerngesund, er ist auch intelligent und hat, wie der Gutachter bemerkt, »Führungsqualitäten«. Aber die werden sie ihm schon noch austreiben. Hasso Grabner jedenfalls ist im Zuchthaus zu jeder Arbeit zu gebrauchen, sogar raus ins Moor können sie ihn schicken.

Als Hasso Grabner nach anderthalb Stunden zurück in seine Zelle kommt, ist Karl May verschwunden, und das Einzige, was er hinterlassen hat, ist ein Buch. Es ist seine Autobiografie. Allem Anschein nach stammt sie aus der Gefängnisbibliothek, auch wenn nicht ganz klar ist, ob Karl May das Werk hinein- oder herausgeschmuggelt hat. Egal, das Buch liegt jedenfalls auf dem Bett, und darin stehen die Zeilen: »Es war mir ein unwiderstehliches Bedürfnis, die Ruhe und Ungestörtheit der Zelle so viel wie möglich für mein geistiges Vorwärtskommen auszunutzen, und die Beamten hatten ihre Freude daran, mir hierzu in jeder, den Anstaltsgesetzen nicht widersprechenden Weise behilflich zu sein. So verwandelte sich für mich die Strafzeit in eine Studienzeit, zu der mir größere Sammlung und größere Vertiefungsmöglichkeit geboten war, als ein Hochschüler jemals in der Freiheit findet.«

Hasso Grabner ist überrascht – und froh, diese Sätzen zu lesen, schließlich hat er ein paar Monate zuvor, noch in Untersuchungshaft sitzend, »einen Bildungsfimmel bekommen«, und so wie es aussieht, kann er ihm im Zuchthaus Waldheim voll und ganz frönen.

Und in der Tat, die alte Tradition aus Karl Mays Zeiten hat überlebt. Einmal pro Woche gibt's in Waldheim Papier zu fressen. Dann dürfen alle in die Gefängnisbibliothek gehen, sich was ausleihen und anschließend in der Zelle ihre beim Lesen kommenden Gedanken notieren. Dazu hat der Anstaltsleiter extra Schreibhefte an die Häftlinge ausgeben lassen. Zur Weiterbildung, wie er sagt. Damit sich Häftlinge aber nicht zu weit bilden, werden die Hefte regelmäßig kontrolliert.

Auch Hasso Grabner bekommt ein Heft. Das Schild mit seinem Namen drauf aber schreibt ihm ein anderer. Er heißt Bruno Apitz. Wie Grabner stammt er aus Leipzig, ist KPD-Mitglied und ebenfalls wegen Hochverrats inhaftiert. Und doch gibt es einen Unterschied zwischen den beiden. Im Gegensatz zu Grabner kennt Apitz seinen Vater. Der war Wachstuchdrucker. Kein Wunder also, dass der politische Häftling Apitz dem politischen Häftling Grabner im Zuchthaus Waldheim ein Namensschildchen für das blaue Wachstuchheft schreibt.

Hasso Grabner füllt seine Hefte fortan mit Notizen zu Naturkunde, Psychologie, Politik und Paläontologie. Dazwischen finden sich, versteckt, kleine Gedichte. Der Knast, da ist sich Hasso Grabner inzwischen sicher, ist die Hochschule des Revolutionärs.

Hasso Grabner würde das gerne notieren. So wie es Karl May getan hat. Aber das geht nicht. Immer wieder werden die Hefte gefilzt, gibt es drakonische Strafen für Fehler im Ausdruck. Und auch sonst lässt sich der Gedanke außerhalb des Kopfes nirgends fixieren. In den ersten drei Monaten ist keinerlei Kommunikation mit der Außenwelt erlaubt. Und auch danach genehmigt man den Gefangenen nur einen Brief pro Monat. Sämtliche Inhalte werden natürlich zensiert und Geheimschriften aus Wasser, Speichel, Urin oder Milch mit Wira-Speziallösung sichtbar gemacht.

Und doch, auch wenn es schwer ist, Kontakt mit der Außenwelt aufzunehmen und ihn über Jahre hinweg aufrechtzuerhalten, so gibt es innerhalb des Zuchthauses durchaus Möglichkeiten. Denn eines ist klar: Wer den Kommunismus als eine Form der Entsagung begreift, mit dem wird gesprochen. Es dauert deshalb auch nicht lange, und Hasso Grabner entdeckt, dass die in Waldheim einsitzenden politischen Gefangenen ein weiterverzweigtes Informationssystem etabliert haben, dessen Grundlage die Kassiber, die geheimen Mitteilungen sind, mit denen die Inhaftierten untereinander kommunizieren. Viele, die mit ihren Klopfzeichen von einer Seite der Wand auf die andere schreiben und Kassiber quer durch den Gefängnistrakt schicken, kennt Hasso Grabner persönlich.

Da ist Ernst Schneller, der gefallene KP-Funktionär, der ihn anno 1930 in der kommunistischen Reichsparteischule unterrichtet hatte. Und Fritz Selbmann, der ehemalige Sekretär der sächsischen KPD, der genau wie Grabner in den Untergrund gegangen war. Und natürlich Georg Schumann, der früher mal Mitglied des Zentralkomitees gewesen ist und den Kommunisten in Leipzig als politischer Leiter gedient hat.

Aber nicht nur die inhaftierten Genossen haben Namen, auch das Personal hat welche. Und die lernt Hasso Grabner noch vor allen anderen kennen. Der Hauptwachtmeister heißt Wiederwill, der Gefängnisvorsteher Drescher, und im Trakt nebenan regieren die Geschwister Mordhorst.

In Waldheim, da ist sich Hasso Grabner sicher, sind Namen etwas für Grabsteine.

Die Geschwister Mordhorst regieren auf der Frauenstation. Und auch dort sitzt jemand mit dem Namen Grabner ein. Sie heißt Waltraut und wurde schon 1933 hierher gebracht. Zwischendurch war sie mal ein paar Monate nicht da. Weil sie ein Kind geboren hat. Aber jetzt ist sie zurück, und ihre Nummer, die 129, hat sie auch behalten.

Wenn Waltraut Grabner ihren Mann sprechen will, muss sie einen Antrag beim Gefängnisvorstand stellen. Und ihr Begehr als Besuchswunsch ausgeben. Das ist nur alle paar Monate möglich. Und wird in ihrem Fall trotzdem jedes Mal abgelehnt. Einzig kurz vor ihrer Entlassung, im Januar 1936, erhält sie einen positiven Bescheid.

»Der Vorstand der Landesstrafanstalt.
An die Nr. 129/Grabner.
Nur gegen Vorweis dieses Schreibens, das für einen Monat Gültigkeit hat, wird Ihnen an einem Wochentag eine Unterredung mit Ihrem Ehemann 801/Grabner gestattet.«

Die Unterredung dauert 20 Minuten. Anschließend werden 129/Grabner und 801/Grabner zurück in ihre jeweiligen Zellen gebracht.

»Ich möchte noch ein sehr eindrucksvolles Phänomen erwähnen: eine Tür hat sich ›geschlossen‹ in einer Entfernung von ca. 5 Metern vom Medium. Das Licht war stets gut, verschiedentlich sogar sehr hell.«

»Unterredung überwacht. 10.55 Uhr – 11.15 Uhr
gez. Kühne«

Als seine Frau im Februar 1936 entlassen wird, fühlt sich Hasso Grabner, als wäre er auch schon halb draußen. »Die Zeit«, so schreibt er ihr, »vergeht mir rasend schnell.« Und doch ist da eine Lücke, haben die neun Monate im Knast eine Wunde gerissen. Und in der liegt sein Sohn. Immer wieder fragt Grabner in seinen Briefen nach ihm, bekommt er Bericht, kann er's nicht fassen.

»Ich muß den Weg zu geordneten Verhältnissen zurückfinden, koste es, was es wolle. Das bin ich schon dir und dem Jungen schuldig«, notiert er nur wenige Tage nach der Entlassung der Frau, und es klingt, als habe Hasso Grabner, der Kommunist, der Revolution schon nach einem Dreivierteljahr im Zuchthaus entsagt. In Zukunft, so scheint es, geht es in seinem Leben nur noch um die Familie – und Fußball.

Nicht, dass Hasso Grabner den Sport so sehr liebt, geschweige denn selbst betreibt, ja überhaupt auch nur betreiben *kann*. Aber er ist im Gefängnis als Ballnäher eingesetzt, schafft »zehn Stück pro Woche!« und sieht »einen großen Aufschwung des Sports«. Warum, so fragt er seine Frau, sollten sie nach seiner Entlassung ihr Geld nicht mit Bällenähen verdienen?

Aber das ist nur so eine Idee, vielleicht auch nur eine Beruhigungspille, die die Größe und Form eines Fußballes hat. Und – wie es sich für derartige Beruhigungspillen gehört – eher an die Schwiegereltern denn an die eigene Frau gerichtet ist. Hasso Grabner jedenfalls mag vielleicht ganz passabel Bälle zusammennähen können, in seinem Herzen aber ist und bleibt er einer, dessen liebstes Leder das im Einband der Bücher ist. Und irgendwann kann er nicht anders, irgendwann schreibt er seinen Schwiegereltern einen Brief und teilt ihnen mit, wie er – und vielleicht auch sie – die Dinge so sehen:

»Bitte denkt nicht, daß ich ein halbintellektueller Spinner werden will. Ebensowenig, daß ich nicht arbeiten will.« Und damit es die lieben Schwiegereltern auch richtig verstehen: »Ich bitte euch: Gebt euren Widerstand gegen meine Lektüre auf.«

Seiner Frau schickt er derweil ein selbstverfasstes Gedicht, bittet sie um Kritik und kritisiert es gleich selbst.

»Als ich es schrieb, wußte ich noch nichts von den strengen Gesetzen des Versbaus, unterdessen kennenlernte ich sie (so'n blödes Deutsch) und seitdem werden die Gedichte noch schlechter. Nur wenn ich mich mal frei mache von ihnen, gelingt ab und zu was.«

Und so vergehen die Tage, werden zu Wochen und wachsen sich zu Monaten aus, und Hasso Grabner, der nimmermüde Organisator, der Hochverräter und Kommunist, hält den politischen Ball flach, liest nicht Karl Marx, sondern Karl May und verfasst statt Agitprop Liebesgedichte.

Haben sie ihn also domestiziert? Das Gespenst des Kommunismus aus ihm ausgetrieben? Immerhin hat Grabner in einem seiner letzten Briefe selbst geschrieben: »Ein Mensch, dessen Handlungen immer auf der gleichen Linie liegen, ist entweder ein Stockfisch oder eine ausgereifte Persönlichkeit.«

Was er freilich nicht geschrieben hat, ist, wie man die Mischung aus einem Stockfisch und einer ausgereiften Persönlichkeit nennt. Dabei wäre die Antwort ganz einfach gewesen: einen Pragmatiker. Und ein solcher ist Hasso Grabner durch und durch.

Der Pragmatismus ist der Grundstoff seiner Geschichte. Die kommunistische Ideologie jedoch ist die Form, in der sie sich äußert. Hier aber, im Zuchthaus von Waldheim, kann sie sich nicht offen äußern, darf es gar nicht. Also muss sie sich andere Wege suchen. Dass sie es in Fußbällen, Abenteuerromanen und Liebesgedichten tut, ist Teil der Geschichte. Dass sie dabei nicht verloren geht, ist nicht nur den zusammen mit Hasso Grabner einsitzenden KPD-Funktionären, sondern auch den Nationalsozialisten zu verdanken, die immer mehr Kommunisten verhaften und nach Waldheim bringen lassen. Spätestens ab 1936 ist es dem Vorstand des Zuchthauses nicht mehr möglich, die politischen Gefangenen von bestimmten Funktionen auszuschließen.

Und so werden aus politischen Propagandisten Packer, aus Kreissekretären Kübelentleerer und aus Bezirksleitern Bibliothekare. Sie alle kreieren Kassiber, karren Kassiber, kriegen Kassiber. Kommunistische Kalfaktoren kooperieren. Klandestiner Knastalltag.

Trotzdem: Leicht ist das Leben in Waldheim nicht. Schon gar nicht, wenn man jeden Tag zehn Stunden lang mit Sprechverbot und unter strengster Aufsicht Bälle zusammennähen muss und den Rest des Tages mit schweren Jungs in der Zelle rumsitzt. Einer von ihnen aber sticht heraus. Er schreibt Gedichte. Und sein kommunistischer Mitgefangener bekommt sie zu lesen.

»Diese Gedichte waren keine Kunstwerke, da der betreffende Strafgefangene von Versmaß und Versaufbau keine Ahnung hatte, sondern seine Verse mehr oder weniger gefühlsmäßig zusammenbaute. In diesen Gedichten brachte er nun seine Gedanken zum Faschismus zum Ausdruck. Trotz seiner kriminellen Neigungen war er sich im Grunde genommen seines proletarischen Daseins bewußt. Er war sich daher auch dessen bewußt, daß seine dichterischen Produkte staatsgefährdenden Charakter im Sinne des faschistischen Gesetzes hatten. Er versteckte sie deshalb im Futter des Handspiegels, den er im Spind aufbewahrte.«

Dort werden sie schließlich gefunden, der kriminelle Gefangene angeklagt und der Kommunist als Zeuge geladen. Nur durch Zufall erkennt er, dass das Gedichtete nur ein Vorwand und der Angeklagte lediglich ein Scheinangeklagter ist, der in Wahrheit den Lockvogel spielt, damit das kommunistische Drosselchen singt.

Um es kurz zu machen: Hasso Grabner singt nicht, und er unterlässt es auch, den Helden zu spielen, und als er am 14. August 1938 nach 1475 Tagen in Haft entlassen wird und sich das Gefängnistor hinter ihm schließt, ist er für genau fünf Sekunden ein freier Mann. Dann tritt ein Gestapo-Mann zu ihm, legt ihm Handschellen an und bringt ihn ins KZ Buchenwald.

Anfrage der Geheimen Staatspolizei Leipzig
Betrifft: Entlassung des Häftlings 801/Grabner
»Bitte um Beurteilung zwecks möglicher Nachüberwachung gemäß Rundverfügung des Reichsjustizministers vom 18. Januar 1937.«

Antwort des Vorstandes des Zuchthauses Waldheim
Betrifft: Entlassung von 801/Grabner.
»Die Ungeklärtheit seines Charakters und die Rückkehr zu seiner Ehefrau lassen ihn zumindest als politisch gefährdet gelten, sodaß eine Beobachtung hinsichtlich seines Verkehrs und des Verkehrs seiner Ehefrau mit politisch verdächtigen Personen unumgänglich erscheint und angeraten werden muß.«

Geheime Staatspolizei / Staatspolizeistelle Leipzig
Geschäftszeichen II-D-288/38-
An den Leiter der Vollzugsanstalt, Zuchthaus Waldheim
Betrifft: Hasso Benno Grabner, geb. am 21.10.1911 in Leipzig, wohnhaft in Leipzig-Schönefeld
Bezug: Entlassungsanzeige Nr. 801
»Ich bitte, den am 14.8.1938 dort zur Entlassung kommenden Grabner mittels Sammeltransports in das hiesige Polizeigefängnis überführen zu wollen.
Leipzig, den 6.8.1938
i. A. gez. Verlohren«

An die Vereinigte Gefangenenanstalt Waldheim/Sachsen
Betrifft Bekl. Nr. 801/21 Hasso Grabner
»Hiermit bitte ich höflichst um Mitteilung, welchen Zug mein Mann am Sonntag benutzt und zu welcher Stunde er entlassen wird, da ich ihn wenn möglich dort abholen möchte.«

Hasso Grabner nimmt den Zug von Waldheim über Chemnitz und Glauchau nach Weimar. Weil sein Bewacher aber unterwegs einen Hunger bekommt, den er an einem Kommunisten nicht stillen kann, kehren sie in einer Gaststätte ein. Dort gelingt es Hasso Grabner, seine Schreibhefte aus dem Zuchthaus unbemerkt dem Wirt zu übergeben. Es ist ein blinder Versuch. Die beiden Männer kennen sich nicht. Das Einzige, was sie verbindet, ist ein prüfender Blick – und die Adresse einer Frau in Leipzig, die Hasso Grabner eilends auf einem Zettel notiert. Ein paar Tage später erhält sie ein Paket. Darin liegen Dutzende vollgeschriebener Kladden – das Produkt von Hasso Grabners Bildungshunger, der Lohn dafür, dass er in Waldheim Papier fressen durfte.

Weimar

Als Hasso Grabner am 25. August 1938 um Punkt 18 Uhr in Buchenwald eintrifft, ist Karl May der Einzige, der fehlt. Alle anderen sind da. Bruno Apitz zum Beispiel, der Wachstuchheftchenbemaler aus Waldheim. Oder Willi Seifert, der gelernte Maurer, der ebenfalls Bekanntschaft mit der Perle des Zschopautals gemacht hat, als KPD-Mann die Mauern des Zuchthauses aber nur von ihrer Rückseite sah. Und nicht zu vergessen Albert Kuntz, den hier alle nur Kuntze nennen und der genau wie Grabner aus Sachsen kommt und den Kommunisten dort als Funktionär gedient hat. Sie alle sind da und sehen, wie Hasso Grabner ins Lager gebracht wird – und wissen nicht, dass er schon mal hier war.

Rückblende. Die Gestapo tritt ab – und Goethe tritt auf.
Zumindest das, was noch von ihm übrig ist …

Man schreibt das Jahr 1928, und Hasso Grabner, gerade siebzehn geworden, fährt mit einer Gruppe Jungkommunisten von Leipzig nach Weimar, um dem Goethe-Haus einen Besuch abzustatten. Stunden verbringen die künftigen Revolutionäre in dem Gebäude am Frauenplan, begutachten Papier, Federn, Tinte und Knochen, und während sich alle nach und nach sattsehen, Hunger bekommen und rausgehen, bleibt Hasso Grabner zurück. Andächtig steht er vor den Vitrinen, liest sich an den ausgestellten Schriften fest und dringt tief in sie ein – so tief, dass er irgendwann nicht mehr zu sehen ist. Zumindest nimmt niemand von ihm Notiz, als das Haus geschlossen wird. Über Nacht allerdings materialisiert sich der Geist Goethes wieder und hat am nächsten Morgen die Form eines jungen Mannes angenommen, der statt einem Werk des Dichters ein kommunistisches Parteibuch bei sich hat, weshalb die Bediensteten aufgeregt die Polizei rufen und den Eindringling festnehmen lassen. Als schließlich klar wird, dass nichts gestohlen, nichts beschädigt und überhaupt alles noch so ist, wie es Goethe hinterlassen hat, kommt Hasso Grabner frei und wird mit dem Zug zurück nach Leipzig geschickt.

1938 ist er wieder in Weimar. Und trifft im KZ seine inzwischen um zehn Jahre gealterten kommunistischen Kumpels, die ihm – weil er doch Goethe so mag – einen Job in der Lagerbibliothek verschaffen, denn die hat so ziemlich alle Werke des Dichters.

»Ich lese auch manchmal«, schreibt Grabner daraufhin seiner Frau, und wer weiß, vielleicht erinnert ihn das freundliche, zum Verweilen einladende Innere der KZ-Bücherei sogar ein wenig an das Goethe-Haus am Frauenplan …

»Der langgezogene Bücherraum war hell und sauber. Die hellgestrichenen Bücherregale längs der Wände und in der Mitte des Raumes, die strammgereihten, saubergebundenen Bücher mit den schwarzweißen Rückenschildchen, das Grünrot der Geranien an den Fenstern und die dick an den Regalen emporrankenden Kakteen überraschten auf angenehme Art.«

Darf man das schreiben? Darf man *so* schreiben? Oder muss man es *auf diese Weise* tun?

Ministerium für Staatssicherheit der DDR, Archiv Nr. 3958/62, betrifft: Hasso Grabner.

»Grabner spielte während der Zeit des Faschismus eine unrühmliche Rolle, indem er sich im KZ Buchenwald eine Sonderstellung erschlich und sich den anderen Genossen gegenüber abkapselte.
gez. Fischer, Ltn.«

Da hat er recht, der Stasi-Leutnant, die Lagerbibliothek in Buchenwald ist tatsächlich eine Kapsel. Aber sie ist noch viel mehr. Sie ist nämlich auch eine Kapsel *in* einer Kapsel. Und das Einzige, worin sich die beiden Kapseln unterscheiden, ist die Tatsache, dass die äußere von SS-Leuten und einem elektrisch geladenen Stacheldrahtzaun, die innere dagegen von Häftlingen und ihrem Wunsch nach Büchern umschlossen wird.

In der Mitte der inneren Kapsel aber, in dem Raum mit den Geranien und Kakteen, steht Hasso Grabner. Seine Kumpels haben ihn, nach vier Monaten in einem der mörderischen Außenkommandos, Ende '38 hier untergebracht. Wobei die Sache mit Goethe natürlich nur ein Vorwand war. Denn der ist tot. Sie aber, die Kumpels, wollen leben. Und dazu brauchen sie die Toten, brauchen sie ihre Bücher und Schriften. Nicht nur, um ihrem kommunistischen Bildungsfimmel zu frönen, sondern auch, um sich auszutauschen und in der Willkür des Lagers den eigenen Standpunkt nicht zu verlieren. Deshalb haben sie Hasso Grabner den Bücherei-Job verschafft. Weil er Buchhändler ist. Und Kommunist. Und weil die, die mit ihm in Block 38 wohnen, die Neubauers, Stoeckers und Kuntzes, Kapos sind und als solche bei der SS ein Vorschlagsrecht haben. Aber das würde nicht reichen, würde längst nicht genügen, wenn sie Grabner nicht auch gegenüber den anderen politischen Gefangenen durchsetzen könnten. Aber genau das können sie, denn sie, die sächsischen Kommunisten, sind im Lager die führende Fraktion. Sie sind die Einzigen, denen es gelingt, die in lauter Landsmannschaften zersplitterte KPD zusammenzuhalten und ihr Handeln zu koordinieren. Und doch, am Ende entscheidet die SS, da können weder die sächsischen Kommunisten noch Hasso Grabner was tun.

Dass die Lagerleitung den Vorschlag, Grabner in die Bibliothek zu schicken, akzeptiert, liegt, so scheint es, dann auch gar nicht an dessen buchhändlerischen Qualitäten, sondern schlicht und ergreifend daran, dass Grabner in den Augen der SS ein Durchschnittskommunist ist, ein Funktionär der mittleren Ebene, ein Held zweiter Klasse, einer, der sein Waterloo nicht in einem Außenkommando, sondern vor einem Bücherregal erlebt, wenn er sich den zweiundsechzig Exemplaren von Hitlers *Mein Kampf* gegenübersieht, die die SS eigens für die Lagerbibliothek angeschafft hat.

Da steht er also, Hasso Grabner, im ausgefransten Zebrakleid, in der Mitte der inneren Kapsel, in dem Raum mit dem zweiundsechzigfachen Adolf, derweil hinter ihm, im Regal, *Wilhelm Meisters Lehrjahre* stehen und die Wanderjahre noch vor ihm liegen. Aber für Goethe hat Hasso Grabner jetzt keinen Blick. Er betrachtet viel lieber die grün und rot blühenden Geranien in den Fenstern, sieht die fremden, abenteuerlich anmutenden Kakteen – und muss an Karl May denken. War der nicht auch in der Häftlingsbibliothek beschäftigt? Damals, in Waldheim? Und war er nicht genau wie er für die Ausleihe zuständig …?

Am 1. März 1874, einem Sonntag, bringt der Häftling Karl Julius Hering im Zuchthaus Waldheim ein Buch in die Gefängnisbibliothek zurück. Zwei Tage später stellt der Verwalter der Bibliothek, der protestantische Katechet August Leopold Barth, bei einer Routineuntersuchung fest, dass das Buch verschmutzt ist. Der Bibliotheksmitarbeiter Karl May, der das Buch ausgegeben hat, wird zu der Sache befragt, nimmt den Häftling Hering aber in Schutz und erklärt, dass das Buch bereits bei der Ausleihe verschmutzt gewesen sei. Hering selbst weiß zu der ganzen Angelegenheit nichts zu sagen, gibt auf Nachfrage von Barth aber an, »er glaubt, dass das Buch, als er's bekommen, rein gewesen. Er soll's nicht beschmutzt haben.«

Im Grunde keine große Sache. Erst recht keine, für die Züchtling Nr. 401/Karl May etwas kann. Er wird trotzdem vom Bibliotheksdienst entbunden. Der Häftling Hering, der das Buch, auch wenn er's kaum glauben mag, allem Anschein nach versaut hat, kommt dagegen ungeschoren davon.

Fünfundsechzig Jahre später inspiziert Grabner in der Lagerbibliothek des KZ Buchenwald jedes zurückkommende Buch, sucht es nach Flecken, Rissen und Randbemerkungen ab. Auffälligkeiten, so haben die SS-Leute ihn angewiesen, sind auf dem hinteren Vorsatzblatt des Buches zu protokollieren, die Frage des Vorsatzes der Verschmutzung dagegen zu ignorieren. Die Häftlinge bekommen sowieso Leseverbot. Außerdem noch strengen Arrest. Und bei Widerspruch Stockhiebe. Einen pro geäußertes Wort.

Hasso Grabner weiß, dass er daran nichts ändern kann. Er sitzt im Innenraum einer Kapsel, an deren Außenseite sich die Häftlinge um den Ausleihschalter drängen. Rein dürfen sie nicht. Sie werden von innen nach außen bedient. Innen, wo Hasso Grabner sitzt und es warm hat, schließlich ist Block Nummer 4, wo die Lagerbibliothek untergebracht ist, eine der wenigen Baracken, die die SS mit einer Heizung ausgestattet hat. Nicht auszudenken, wenn der Führer im Winter zweiundsechzig Mal friert.

Draußen aber, im Lager, ist es schneidend kalt. Fast immer weht ein scharfer Westwind über das abschüssige Gelände des Ettersbergs. So auch an diesem Tag, dem 13. Januar '39, als plötzlich ein Pfiff ergellt und die Traube vor Hasso Grabners Ausleihschalter binnen Sekunden zerstiebt. Was ist passiert?

»Walter Wolf berichtet darüber: Wieder war ein Berufsverbrecher flüchtig geworden, und das gesamte Lager stand im Schneesturm bei 20 Grad Kälte acht oder zehn Stunden lang. Da kam unser unvergesslicher Kamerad Walter Stoecker zu uns und sagte: ›Du hast als letzter den Empiriokritizismus von Lenin gelesen, jetzt berichte, was du noch davon weißt.‹«

Glaubt man das denn? Lenin lesen, in Buchenwald? Das ist doch ein kommunistisches Märchen. Andererseits: Das Buch ist laut Lagerarchiv tatsächlich vorhanden, ist, so heißt es, in einer Medikamentenkiste versteckt eingeschmuggelt worden. In Grabners Bibliothek steht das Werk allerdings nicht. Aus Angst vor Entdeckung lassen es die Kommunisten nur im kleinen Kreis zirkulieren, um »eine intensive theoretische Schulung zu beginnen«.

Und die Ergebnisse präsentieren sie dann bei Schneesturm und 20 Grad Kälte während eines Strafappells im KZ?

»Die Kommunisten nutzten jede sich bietende Möglichkeit, ihr theoretisches Wissen aufzufrischen«, sagt Walter Wolf.

»Mag sein«, sage ich, »die Geschichte klingt trotzdem nach einem Märchen.«

Aber Walter Wolf ignoriert mich und erzählt einfach weiter.

»Im Schneesturm mit klappernden Zähnen, im trostlosen Elend des KZ haben wir in den Gedanken eines Lenin, in der marxistischen Wahrheit dieses großen Philosophen und Staatsmannes die innere Kraft gefunden, die Größe und die Bedeutung des Leninschen Satzes zu verstehen: ›Der Marxismus ist allmächtig, weil er richtig ist.‹«

Fünfundsechzig Jahre später schreibt mir Hasso Grabners Witwe, ihr Mann habe »immer nur unheldische oder sogar komische Geschichten aus dem Lager erzählt«.

Einen Kameraden namens Walter Stoecker erwähnt sie nicht, und der einzige Ort, an dem ich Walter Stoecker, den einstigen Delegierten des Weltkongresses der Kommunistischen Internationale, zusammen mit Hasso Grabner antreffe, ist eine unscheinbare Akte im Sächsischen Staatsarchiv zu Leipzig. Es ist einer der vielen von Grabner verfassten Lebensläufe, darin Stoecker als einer der »vier Kumpels« auftaucht, die ihn, Hasso Grabner, aus der Hölle des Außenlagers in die Baracke mit den Büchern gebracht haben und ihm erklärten, dass es fortan seine Aufgabe sei, zwischen all dem Nazischund ein paar paradiesische Seiten zu finden.

Und die findet Hasso Grabner tatsächlich. Im Februar 1939 entdeckt er in der Bibliothek das Buch eines Juden namens Heine. Sein Vorname ist urdeutsch – er lautet Heinrich. Doch ist das nicht der Grund, warum er in der Bibliothek vorhanden ist, denn eigentlich ist der gute Heinrich ein Staatsfeind. Genau wie all jene, die seine Bücher besitzen. Die Nazis draußen im Lande haben schließlich nicht umsonst seine sämtlichen Werke konfisziert. Eigentlich wollte man die Bücher einstampfen, aber ein Teil davon ist – wie, weiß keiner zu sagen – nach Buchenwald gekommen, wo sie auseinandergerissen und zu Klopapier gemacht werden sollen.

Diejenigen, die zu dieser Arbeit auserkoren sind, kennen ihren Heine aber genau. Sie wissen, dass das ihre Chance auf ein kleines Wintermärchen ist – und schwupps wird der gute Heinrich aus der Scheißhauskompanie aus- und in Hasso Grabners Bibliothek einsortiert.

Wenn der Kommandoführer kommt, ist das Buch freilich verschwunden. Sein Name ist – wie sollte es auch anders sein – Thorwächter. Kurt Thorwächter, um genau zu sein. Als SS-Oberscharführer kümmert er sich aber nicht weiter um die Bibliothek. Er interessiert sich höchstens für die angrenzende Buchbinderei, in der er mithilfe von zwei Dutzend Häftlingen private Aufträge erledigen lässt. Darüber hinaus hat er mit Papier nicht viel zu tun und ist im Lager auch sonst eher als Freund handfester Formen bekannt. Zu seinem 30. Geburtstag jedenfalls befiehlt Kurt Thorwächter seinen Häftlingen, ihm einen großen Holzteller zu drechseln, auf dessen Rand – in dick herausgefrästen Lettern – »KURT THORWÄCHTER« steht.

Und doch, so töricht der Thorwächter auch ist, einen Weg raus aus dem Lager gibt es für die Häftlinge nicht. Sie bleiben, so scheint es, bis zum Endsieg hinter dem Zaun, leben bis zum Tag des Jüngsten Nationalsozialistischen Gerichts in ihren kalten, engen Baracken. Kein Wunder, dass eines der am häufigsten entliehenen Bücher in

Grabners KZ-Bibliothek Gustav Adolf Platz' *Wohnräume der Gegenwart* ist. Den Rest der Sehnsucht erledigen Atlanten, Reiseberichte und belletristische Literatur.

Als der Winter vorbei ist, stirbt Walter Stoecker. Die SS hat ihn monatelang Karren voll Scheiße ziehen lassen, und anschließend hat ihm der Lagerarzt Dr. Ding seine Spritzen in den Körper gerammt. Offiziell aber stirbt Stoecker an Typhus. Hasso Grabner begleitet ihn auf seinem letzten Weg. Am 11. März '39 geht Walter Stoecker in Goethes Weimar über den Rost.

Und so vergeht die Zeit. Und mit ihr das Leben. Eins nach dem anderen. Und während es 1938 noch 802 Tote waren, zählt die Statistik in Buchenwald ein Jahr später schon 1378 Leichen. Aber im Grunde ist das bloß der Auftakt, das Warmlaufen der Historie, die Vorgeschichte des großen Schlachtens.

Am 24. August 1939 schließen Hitler und Stalin einen Pakt. Am 1. September beginnt der deutsche Polenfeldzug, der sich zum Weltkrieg auswächst. Am 17. September besetzen sowjetische Truppen Ostpolen. Elf Tage später, am 28. September, unterzeichnen Ribbentrop und Molotow in Moskau den Deutsch-Sowjetischen Grenz- und Freundschaftsvertrag. Im ersten Monat des Krieges werden rund 40.000 polnischen Zivilisten ermordet. Am 1. Oktober weist die Bibliothek in Buchenwald einen Bestand von 5582 Bänden auf.

Draußen, in den Baracken, in den Innenräumen der großen Kapsel, fangen derweil die Linien an, durcheinanderzugeraten. Infolge des Krieges werden immer mehr Gefangene ins Lager gebracht, und mit ihnen kommen Informationen, so viele, dass die Kommunisten irgendwann gar nicht mehr wissen, wo der Feind steht. Sie wissen noch nicht einmal, *wer* der Feind ist. Dabei war die Sache eigentlich klar gewesen. Der Feind, das waren die Sozialdemokraten. Und die

Nationalsozialisten sowieso. Aber im Grunde war das eins, war die SPD in den Augen der kommunistischen Führer nur die linke Hand der Nationalsozialisten, »der gemäßigte Flügel des Faschismus«, und deshalb musste der Kampf »nicht gemeinsam mit der Sozialdemokratischen Partei, sondern gegen sie« geführt werden.

Das war die Linie. Mit der sind die Kommunisten Anfang der 30er-Jahre in die Illegalität und von da aus weiter in die Gefängnisse, Zuchthäuser und Konzentrationslager gegangen. Dass die maßgebliche Stelle, die Komintern, die Sozialdemokratie seit 1935 nicht mehr als Gegner begreift und inzwischen auch die deutsche KPD-Führung – auf einem im Moskauer Exil abgehaltenen und zu Tarnzwecken »Brüsseler Konferenz« genannten Parteitag – die Volksfront-Politik gegen den Faschismus ausgerufen hat, ist vielen Kommunisten in Buchenwald lange Zeit *überhaupt nicht bekannt*, und diejenigen, die diese Information jetzt von außen ins Lager mitbringen, finden sich schon bald in der Rolle von Ketzern wieder, die Unglauben säen. Die Folge sind endlose, hitzige Debatten, in denen den im Lager konzentrierten Anhängern der Großen Kommunistischen Kirche nur langsam klar wird, dass das Teufelspack der Sozialdemokraten inzwischen zur himmlischen Heerschar der Hitler-Gegner gehört.

Allein, kaum dass die Sache mit der Volksfront geglaubt und wohl oder übel auch akzeptiert ist, kommen die Nächsten nach Buchenwald und erzählen vom Hitler-Stalin-Pakt und davon, dass Stalin schon seit Jahren deutsche Kommunisten ans Dritte Reich ausliefern lässt. Die Kommunisten im Lager sind nunmehr vollends verwirrt und müssen, ob sie wollen oder nicht, den gerade erst erworbenen Volksfront-Glauben auch schon wieder aufgeben und die mitten durch Polen gezogene Linie als Friedensgrenze zweier wenn schon nicht befreundeter, so doch einander verbundener Völker begreifen, derweil die Sozialdemokraten, die laut Stalin ja eigentlich die Zwillingsbrüder der Faschisten sind, jetzt nicht mehr mit zum Bündnis gehören, was dazu führt, dass diese nun ihrerseits anfangen, die Kommunisten als »rotlackierte Doppelausgaben der Nationalsozialisten« zu bezeichnen.

Und Hasso Grabner? Der hält sich aus sämtlichen kreuz und quer durchs Lager (und die Lager im Lager) laufenden Diskussionen heraus, tut seinen Dienst in der Bibliothek, gießt die Geranien, zersticht sich Arme und Beine an den grobschlächtigen Kakteen und bekommt dafür dreiundzwanzig Jahre später einen Stasi-Eintrag.

Er kann nicht ahnen (und würde es, selbst wenn es ihm schwante, wohl auch nicht glauben), dass die Resolution und das Manifest der Brüsseler Konferenz der KPD, die in den politischen Diskussionen für Aufklärung sorgen und die aufgeheizte Stimmung unter den Gefangenen im Lager entspannen würden, in einer Tarnschrift abgedruckt sind, die den Titel *Wie unsere Kakteen richtig gepflegt werden müssen* trägt.

Das nur 11 x 8 cm kleine Büchlein war anno 1936 von Walter Stoecker ins KZ Lichtenburg geschmuggelt worden. Als das Lichtenburger Lager im August 1937 aufgelöst wurde, kamen die Bücher nach Buchenwald und bildeten dort den Grundstock der Bibliothek. Das Kakteen-Buch aber kam offenbar nicht mit. Zumindest kann ich es jetzt, ein Dreivierteljahrhundert später, in Buchenwald nirgendwo finden, und auch in dem am 1. Oktober 1939 in der Lagerbücherei veröffentlichten Bibliothekskatalog taucht es nicht auf. Aber warum sollte es auch? Es ist eine Tarnschrift. Und Walter Stoecker, der sie besorgt hat, ist zu diesem Zeitpunkt schon nicht mehr am Leben – und alles, was bleibt, ist ein Dutzend gänzlich ungetarnt vor den Regalen herumstehender Kakteen, die mit ihren Stacheln zu allem beitragen, nur nicht zur Aufklärung und Entspannung der Lage.

Und so endet das Jahr '39, und Nummer 40 beginnt. Hasso Grabner ist jetzt 28 Jahre alt. Wenn kein Wunder passiert, wird er auch Geburtstag Nummer vierzig noch im Lager verbringen.

An jenem Silvesterabend des Jahres 1939 sitzt Hasso Grabner in Block 38 und muss an seine Frau denken. Und an seinen Sohn. »Ich kann es immer noch nicht fassen, daß er nun mit dem Schulranzen durchs Leben stiefeln soll«, schreibt er ihr. Und dann: »Zueinanderstehen und ausharren, in diesen zwei Worten liegt unser und unseres Söhnleins Aufgabe und Glück.«

Der Pragmatiker in ihm ist offensichtlich Optimist. Von Wehleid jedenfalls nirgends eine Spur. »Aber nicht nur, weil es nicht hülfe, sondern nein, weil es nicht meinem Innersten entspricht, vielleicht ist es so, daß der Mensch das, was er am meisten liebt, am wenigsten entbehrt, weil die Kraft des Gefühls, die Innigkeit der Liebe, ihm nicht gestatten, die räumliche Trennung als das Wesentliche, ja auch nur als ein Wesentliches zu empfinden.« Und dann: »Ich räume die Möglichkeit ein, daß dieser Gedanke innere Notwehr ist, weil man es sonst nicht ertragen könnte, aber er ist da und seine Wirksamkeit ist ohne Zweifel.«

Ohne Zweifel ist auch, dass dem gelernten Buchhändler Hasso Grabner die Rolle des Bibliothekars ganz recht ist, nicht nur, weil er hier lesen und die Kumpels mit Informationen versorgen, sondern auch Gespräche führen und Geschichten hören kann. Etwa die des französischen Häftlings, der die SS-Offiziere mit seinem bis ins 13. Jahrhundert zurückreichenden Stammbaum vor Neid erblassen lässt. Oder die vom *Völkischen Beobachter*, den sich einige der Gefangenen mit Vorliebe ausleihen. Freilich nicht, um darin zu lesen, sondern um sich die Zeitung, wenn's draußen mal wieder kalt ist und der eisige Wind pfeift, als Dämmschicht unter die Häftlingskleidung zu stecken.

Sogar einen leibhaftigen Autor trifft Grabner in der Lagerbibliothek. Es ist ein Mann namens Steinitz, der einen Roman über den Altarbauer Tilman Riemenschneider geschrieben hat. Weil Steinitz aber Jude ist, war er gezwungen, sein Buch unter dem Pseudonym Karl Heinrich Stein zu veröffentlichen und zu hoffen, dass niemand die Maskerade bemerkt. Und sapperlot, es hat funktioniert! Keiner bekam mit, dass das Werk von einem »Untermenschen« verfasst wurde, und in der nationalsozialistischen Presse ging man sogar so weit, das Buch in den höchsten Tönen zu loben. Selbst der *Völkische Beobachter* feierte es.

Das war 1936. Jetzt aber, vier Jahre später, findet sich Steinitz im KZ Buchenwald wieder – und kurz darauf sein eigenes Buch in der Lagerbibliothek. Hasso Grabner ist ob des Irrsinns der ganzen Geschichte ein wenig verwirrt. Steinitz dagegen ist sich über das, was hier geschieht, völlig im Klaren.

»Einer gehört hier nicht her«, teilt er wenige Tage nach dem Auffinden des Buches der verdutzten SS mit, »der Roman oder ich.«

Die SS entscheidet sich für Steinitz. Er wird auf eine Liste gesetzt, abtransportiert und 1942 in Auschwitz vergast.

Auf eine Liste kommt auch Hasso Grabner, doch wird die von den Kommunisten erstellt. Es ist eine Vorschlagsliste für zu entlassende Häftlinge – und Schutzhäftling Nummer 5334/Grabner wird von der SS akzeptiert.

Am 24. Juni 1940 ist es so weit. Neben Hasso Grabner werden an diesem Tag noch vierzehn weitere Häftlinge entlassen. Zugänge gibt es keine, dafür aber ein paar Wehrunwürdige, Polen und Juden, die im KZ »verstorben« bzw. »auf der Flucht« erschossen worden sind.

Am Abend des 24. Juni, kurz nach 18 Uhr, verlässt Hasso Grabner Buchenwald, um außerhalb des Lagers in Gefangenschaft zu gehen.

Weggehen

Um das KZ verlassen zu können, hat Hasso Grabner eine Loyalitätserklärung unterschreiben müssen. Um wieder als Buchhändler arbeiten zu dürfen, soll er nun noch ein Gnadengesuch an die Goebbelssche Reichsschrifttumskammer richten und um Aufnahme bitten. Aber Grabner bittet nicht. Und er lässt sich auch nicht bitten. Er hat genug von Büchern und Buchen und Wäldern. Und so dankt der Buchhändler Hasso Grabner ab und wird Hilfsarbeiter in einer Leipziger Fabrik. Der Widerstandskämpfer in ihm aber bleibt. Und sucht nach einer Möglichkeit, etwas zu tun – und wird irgendwann fündig.

Im April 1941 wird Grabner in einem Maschinenwerk als Arbeiter eingestellt und ein paar Monate später in den Rang eines Betriebsführers erhoben. Die Kessel, die die Firma produziert, das weiß er, haben Anteil am Funktionieren der deutschen Kriegsmaschinerie. Ihr zu dienen ist für den Kommunisten Hasso Grabner keine Option, sie aufzuhalten unmöglich. Dazwischen aber, so scheint es, gibt es keinen Raum. Und wenn, dann beträgt er nur wenige Millimeter. Aber vielleicht genügt das ja, vielleicht geht das eine oder andere Teil ja etwas früher kaputt, wenn es ein paar Millimeter von seinem angedachten Maß abweicht …

Was Hasso Grabner macht, das ist ihm klar, ist Rüstungssabotage. Tagtäglich, unscheinbar, in der Wirkung für ihn nicht zu ersehen. Im besten Falle gibt es Hoffnung, im schlimmsten den Strang. Im Getriebe der deutschen Kriegsmaschinerie erhält der Widerstandskämpfer Hasso Grabner die Macht eines Sandkorns, das jeden Tag aufs Neue zu der Erkenntnis gelangt, dass es eines ganzen Sandhaufens bedürfte, um die Maschine auch nur für eine Sekunde zu stoppen.

Im Oktober '42 aber ändern sich die Zeiten. Der faschistische Vernichtungsfeldzug ist ins Stocken geraten, und Hitlers Wehrmacht gibt dem Wehrunwürdigen Hasso Grabner die »Chance«, sich an der Front zu bewehren. Grabner wird ins Strafbataillon 999 eingezogen und der Afrika-Brigade zugeteilt. Zunächst aber geht es nach Baden-Württemberg, auf den Heuberg, einer neunhundert Meter hoch liegenden Einöde, in der es ein Dreivierteljahr Winter und ein Vierteljahr kalt ist. Hier, auf dem Gelände eines ehemaligen Konzentrationslagers, ist der Truppenübungsplatz zum Schleifstein für Wehrunwürdige hergerichtet worden. Und wer sich nicht herrichten lassen will, der wird zugerichtet. Von den Stammmannschaften der Wehrmacht, die keine Gelegenheit auslassen, die Neulinge zu drangsalieren und ihnen zu zeigen, dass sie sich zu fügen haben, wenn ihnen »vom Führer in hochherziger Weise die einmalige Gelegenheit gegeben wird, durch eigene Leistungen und eigenes Wohlverhalten wieder vollwertige Soldaten und Staatsbürger zu werden«.

Der vollwertige Soldat auf dem Heuberg, er trägt zum Teil Uniformen aus dem Ersten Weltkrieg, weil neue nicht zu bekommen sind. Bei anderen stammen die Jacken zwar aus dem jetzigen Krieg, sind dafür aber mit Einschusslöchern übersät und mit dem Blut der Gefallenen verschmiert. Selbst Geschirr und Besteck sind auf dem Heuberg anfangs Mangelware. Wer etwas zu essen haben will, nimmt die Mütze ab und lässt sich seine Ration hineinschlagen, um sie dann mit bloßen Händen herauszulöffeln. Erst kurz vor dem Abmarsch nach Belgien, im Dezember 1942, bessert sich die Lage. Statt halbroher, erfrorener Kartoffeln gibt es plötzlich richtige Mahlzeiten. Der Grund ist ebenso einfach wie banal: Abgemagerte Herrenmenschen machen keinen guten Eindruck in einem besetzten Land.

In Belgien angekommen, versucht Grabner die auf dem Heuberg geknüpften Kontakte zu den Genossen zu halten und sich mithilfe der Bevölkerung über die Lage im Land zu informieren. Viel mehr ist nicht möglich. Die konspirative Arbeit in der Strafkompanie ist schwierig genug. Volle fünf Mal wird der frisch ausgebildete Kanonier Hasso Grabner innerhalb der Truppe versetzt, um seinen politischen Einfluss auf die »regulären« Soldaten möglichst gering zu halten. Aber auch die anderen Kommunisten halten sich mit Aktionen zurück. Und sie tun gut daran, denn schon kleinste Vergehen bedeuten den Tod. Immer wieder werden Strafsoldaten wegen Lappalien hingerichtet, immer wieder stehen die Genossen im offenen Karree um eine Reihe Holzpfähle herum, an die man die »Unwürdigen« gebunden hat, bevor sie im Feuer der Gewehre enden.

Für die, die überleben, ist Belgien allerdings nur eine Zwischenstation, denn das Ziel heißt Afrika. Dort treiben die alliierten Truppen einen Sandmann namens Rommel vor sich her und drohen ihn in Tunesien ins Meer zu werfen.

Bis Afrika aber ist es noch ein weiter Weg. Er führt Hasso Grabner im Februar und März '43 über Avignon und Nîmes weiter nach Monaco und Rom, wo der Papst höchstpersönlich gegen Grabner und Co. protestiert, da er in ihnen eine Gefahr für die ehrenwerten italienischen Soldaten erkennt.

Die Wehrmachtsoberen juckt das naturgemäß herzlich wenig. Sie schicken das Strafbataillon von Rom aus weiter nach Neapel. Auf dem Weg dorthin geraten Grabner und die Seinen immer wieder zwischen die Fronten, werden die deutschen Kommunisten in Wehrmachtsuniform bei Bombenanschlägen italienischer Widerstandskämpfer getötet, von alliierten Flugzeugen aus beschossen und zwischendurch immer wieder von den »eigenen« Offizieren wegen Wehrzersetzung oder versuchter Fahnenflucht hingerichtet.

Und wer durchkommt, für den entpuppt sich die Reise spätestens am 5. April 1943 als ein von friendly fire eskortiertes Himmelfahrtskommando. An diesem Tag werden auf dem Flughafen Neapel Teile der 3. und 4. Kompanie des I. Afrika-Bataillons in fünfzehn Transportmaschinen vom Typ Ju 52 verladen, um auf direktem Weg nach Tunis zu fliegen. Die afrikanische Küste ist schon in Sichtweite, da tauchen plötzlich britische Jagdflugzeuge auf und greifen die tief fliegenden Maschinen an. Die darin sitzen, sehen, wie sich ihre Angreifer im Wasser unter ihnen spiegeln. Dann geht ein Bombenregen über den nur zwanzig Meter über dem Meer dahinrasenden Maschinen nieder. Als sie höher zu steigen versuchen, setzt das Feuer der britischen Bordkanonen ein. »Die meisten wagen nicht mehr aus dem Fenster zu schauen.« Wer es dennoch tut, bekommt einen Schuss ins Gesicht. Kurz darauf rasen die Jus als brennende Fackeln nach unten und löschen sich selbst. Dutzende sterben. »Das Meer bedeckt sich mit schwimmenden, abgurgelnden Flugzeugresten.«

Hasso Grabner aber hat Glück. Ein paar Tage vor dem Abflug hat ihn der Kommandant der vierten Batterie des Afrika-Schützen-Regiments 962 beiseitegenommen und freiraus erklärt: »Grabner, in Europa steht der Führer mit seiner Macht hinter mir, in Afrika stehe ich Ihnen allein gegenüber.« Die Folge: Hasso Grabner wird statt ins Flugzeug in die Brotdiebe-Kompanie gesteckt und kehrt über Italien und Österreich äußerlich unverletzt auf die Schwäbische Alb und den Heuberg zurück. Der Rest des 962er-Regiments verreckt derweil vor Tunis.

Da steht er also, Hasso Grabner, der Aus- und Ein- und wieder Ausgemusterte. Wehrunwürdig allemal. Steht auf dem Heuberg und weiß nicht, wohin. Aber da ist er nicht der Einzige, denn auch die Wehrmachtsoberen haben keine Ahnung, was sie mit einem wie ihm machen sollen. Sie wissen nur, dass ein Kommunist in ihren Reihen eine Gefahr darstellt, selbst wenn er in der wehrmachtseigenen

Uniform steckt. Andererseits, wenn der Mann Tropenausrüstung bekommen hat, kann man ihn auch wieder wegschicken. Die braucht er hier nämlich nicht. Der Ort, zu dem der Heuberg gehört, heißt schließlich nicht umsonst Stetten am kalten Arsch.

Und so geht's dahin, und während Hasso Grabner einsam und allein in einer der Baracken sitzt und auf eine Entscheidung über sein weiteres Schicksal wartet, beginnt sich draußen, vor seinem Fenster, der Heuberg plötzlich wieder zu füllen. Hunderte Strafsoldaten kehren zurück. Die meisten von ihnen hat man aus Angst vor einer Meuterei in Italien entwaffnet, in Viehwagen gesperrt und mit dem Zug »heimwärts« auf den schwäbischen Schleifstein gekarrt.

Aber dort bleiben sie nicht lange. Bereits im Mai '43 verlassen die ersten 999er schon wieder den Heuberg. Wohin es geht, wissen sie nicht. Der Zug, mit dem sie fahren, nimmt eine ihnen unbekannte Route und kommt nur langsam voran. Die Stunden vergehen, werden zu Tagen. Irgendwann wird den Soldaten klar, dass sie in südöstliche Richtung fahren. Einige versuchen zu fliehen, andere erfreuen sich an der Landschaft. Als sie in die Berge kommen, werden Flachwaggons mit Schotter vor die Lokomotive gespannt. Eine reine Vorsichtsmaßnahme, so heißt es.

In der Nacht aber steigen Leuchtkugeln in den Himmel und tauchen das Tal, durch das der Zug fährt, in ein weiß glühendes Licht. Kurz darauf fallen Schüsse, gibt es Gefechtslärm, Maschinengewehrfeuer, Geschrei. Dann Ruhe. Irgendwann rollt ein Lazarettzug heran, zieht eine Weile auf dem Gleis nebenher. In den hell erleuchteten Abteilen sehen die Soldaten Verwundete liegen. Als sie am nächsten Tag an den Telegrafenpfählen Menschen hängen sehen, sind sie in Serbien. Es folgen Albanien, Griechenland und ein im Hafen von Piräus liegendes Schiff, dessen Besatzung erklärt, man müsse damit rechnen, von englischen Unterseebooten versenkt zu werden.

Was ist das für eine Zeit,
wo die Schweine
Schlachtfest mit den Menschen machen?

Hasso Grabner: *Die Zelle*, Roman

Griechische Geschichte – Ein Abriss

In Griechenland geht's drunter und drüber. Das ist bekannt. Aber nicht so.

Es ist der 12. Oktober 1940, und Mussolini ist sauer. »Hitler stellt mich immer vor vollendete Tatsachen!«, beschwert sich der Duce, nachdem die Wehrmacht einfach so und ohne zu fragen in Rumänien einmarschiert ist. Dabei wollte Mussolini auch mal der Erste sein, der ein Land überfällt. Das hat er zwar anderthalb Jahre zuvor, am 7. April '39, mit Albanien getan, aber Albanien ist eben Albanien, und das Einzige, was man dort tun kann, ist, Ziegen zu hüten und in der Nase zu bohren.

Mussolinis Außenminister – jung, ambitioniert und mit dem Namen Galeazzo Ciano gesegnet – hat freilich noch eine andere Idee und schlägt Mussolini vor, sich Griechenland einzuverleiben, denn das ist, so sagt er, ganz einfach. Alles, was man dafür tun muss, ist, von Albanien aus ein paar schöne breite Straßen in Richtung Hellas zu bauen und unterdessen in Griechenland ein bisschen Unruhe zu stiften, damit es nicht nur einen Weg, sondern auch einen Grund gibt, dort mal für Ordnung zu sorgen.

Dem Duce gefällt die Idee. »Alle Straßen führen nach Athen«, sagt der Römer und gibt dem Außenminister, der so ganz nebenbei auch noch sein Schwiegersohn ist, freie Hand, um Albanien verkehrstechnisch auf den neuesten Stand zu bringen und in Griechenland einen Vorwand für das Zünden der Lunte zu suchen.

Als der gefunden ist, ist Mussolini begeistert, doch sein erster Gedanke gilt Hitler: »Diesmal werde ich ihm in der gleichen Münze heimzahlen: er wird aus den Zeitungen erfahren, dass ich in Griechenland einmarschiert bin.« Und siehe da: Am 28. Oktober wird die Lunte gezündet, und während Hitler im Sonderzug »Heinrich« sitzt, nach Florenz fährt und Zeitung liest, marschieren die italienischen Faschisten – als Feuerwehrleute verkleidet – in Griechenland ein.

Zwei Wochen später brennt freilich die eigene Bude, denn die Griechen holen zum Gegenschlag aus und drängen die Italiener zurück, woraufhin Mussolini im Frühjahr '41 konstatiert: »Wir sind keinen Schritt weitergekommen.«

In Berlin sieht Hitler derweil freudig erregt dabei zu, wie sich Ciano und Co. »die Nase verbrennen« – und marschiert kurz darauf selbst in Griechenland ein, das am 20. April, *an seinem Geburtstag!*, die Waffen streckt. Doch fängt damit das Theater erst an. Denn obwohl die Griechen die Italiener geschlagen haben und einzig und allein vor den Deutschen kapitulieren, fordert Mussolini, in den Geschichtsbüchern möge »Kapitulation vor den Italienern« stehen, was nicht nur die griechischen, sondern auch die deutschen Generäle derart erzürnt, dass selbige demonstrativ mit der Heeresführung der Hellenen essen gehen und die Italiener mit ihrem frisch geschriebenen Kapitulationsvertrag und einem noch leeren Geschichtsbuch in der nächstbesten Taverne allein zurücklassen.

Und so geht's dahin. Die einen machen Geschichte und die anderen schreiben sie um, und damit die Sache so richtig schön unübersichtlich wird, betreten auch bald die Engländer die Szenerie und bieten dem nach Ägypten geflüchteten griechischen König Schutz im Londoner Exil, was diesem durchaus gelegen kommt, da er sich sowieso als Engländer fühlt und auch sonst »ein liebenswürdiger Idiot ist, ohne irgendwelche Empfindungen für Griechenland, dessen Menschen oder Politiker«. Beste Voraussetzungen also, um in London Tee zu trinken, gute Ratschläge zu geben und sich von den Engländern wegen Tapferkeit auf der Flucht den Orden für hervorragende Dienste im Krieg an die Brust heften zu lassen.

Und so geht's weiter. Die Deutschen okkupieren (und malträtieren) das Land, die Italiener erzählen allen, die es wissen wollen (oder auch nicht) von »ihrer« Eroberung und die Engländer gefallen sich in der Rolle der Geheimagenten im Auftrag ihrer (oder einer anderen) Majestät.

Und die Griechen? Die fangen an, den Widerstand zu organisieren, und gründen zu diesem Zweck eine derartige Vielzahl an Befreiungsgruppen, dass selbst die überall im Land herumstrolchenden englischen Agenten irgendwann den Überblick verlieren und zwischen ELAS, EDES, EAM, PEAN, ESPO und ESON nicht mehr zu unterscheiden wissen, ganz zu schweigen von den Differenzen, die zwischen ESA, ESAS und ESAP bestehen.

Die Gruppen selbst interessiert das alles herzlich wenig, sie verbünden sich einfach munter weiter, allerdings nicht immer gegen den Feind, sondern zunehmend auch gegeneinander, weshalb es nicht wundernimmt, dass irgendwann nicht nur die Kombinationsmöglichkeiten des Alphabets aufgebraucht sind, sondern sich auch Gruppen gegenüberstehen, die denselben Namen tragen, sich dem Widerstand verpflichtet fühlen und einander noch mehr hassen als beide zusammen die Deutschen.

Und so kommt es (unter anderem) zum Kampf EDES gegen Verräter-EDES, wobei jede Seite behauptet, auf der richtigen zu stehen, und die jeweils andere der Kollaboration mit den Deutschen beschuldigt, welche wiederum nicht nur keine Möglichkeit, sondern auch »keinen Anlaß zum Differenzieren« sehen und »die gute Zusammenarbeit der Athener EDES-Führung mit deutschen Dienststellen« loben, was in gewissem Sinne nur folgerichtig ist, da die deutschen Dienststellen die einzigen sind, die es sowohl quantitativ (an purer Zahl) als auch qualitativ (am Grad der Kompetenzverwirrung) mit den griechischen Widerstandsgruppen aufnehmen können. Denn: »bereits im Oktober 1943 konkurrieren allein in Athen 161 deutsche Dienststellen.«

Kein Wunder, dass eine davon Kontakte zur EDES-Führung hat, auch wenn die Deutschen nicht immer so ganz genau wissen, wer sich eigentlich dahinter verbirgt, und die rechte EDES nicht von der rechten EDES unterscheiden können, und die einzige Möglichkeit, von außen so etwas wie eine Trennung zwischen EDES und EDES herbeizuführen, ist, sich (und bloß nicht die Griechen!) zu fragen, wer von beiden denn tatsächlich *kämpft* – und zwar gegen die Deutschen und nicht gegeneinander.

Die meisten der griechischen Widerstandsgruppen, allen voran die aus dem bürgerlich-royalistischen Lager, verarbeiten die Deutschen jedenfalls nur mit Worten zu Fleischleibchen und haben überdies – außer ihren fünf Anführern – keinerlei Mitglieder, was sie freilich nicht davon abhält, während ihres langsamen Versumpfens in diversen Athener Kaffeehäusern programmatische Papiere voller philologischer Spitzfindigkeiten zu verfassen und die um sie herumscharwenzelnden Kellner als Kollaborateure zu betrachten.

Vollkommen logisch, dass in einem solchen Klima irgendwann selbst Erzbischöfe anfangen, militärische Stellungnahmen zu verfassen, und Gott oder zumindest das britische Außenministerium anflehen, Fallschirmjäger vom Himmel fallen zu lassen. Und siehe da, die Rufe werden erhört, und es dauert nicht lange, und über Griechenland beginnt es – erst tröpfchenweise, dann immer stärker – englische Verbindungsoffiziere zu regnen, die nicht nur eine beträchtliche Menge Goldsovereigns bei sich haben, sondern auch aus Flugzeugen stammen, die Waffen, Munition und Kleidung über Griechenland auskippen. Mitunter fallen freilich auch nur 22 linke Stiefel vom Himmel, doch ist das kein Grund zum Klagen, denn jeder in Griechenland weiß, dass die Wege des Herrn ebenso unergründlich sind wie die des britischen Außenministeriums.

Das von den eigenen Leuten, der Geographie und den deutschen Wehrmachtseinheiten in Stücke gerissene Griechenland ist jedenfalls mithilfe von englischen Verbindungsoffizieren bald besser verbunden als Mussolinis albanische Enklave mit Athen, und einzig die Schnelligkeit, mit der die englischen Agenten die griechische Halbinsel durchwandern, sich mit bekannten und unbekannten Gruppen treffen und entsprechende Memoranden verfassen, enthebt sie von der Möglichkeit, dass sie es dem guten Lord Elgin nachtun und sich die Taschen mit kunstvoll gearbeiteten Marmorplatten vollhauen.

Und so geht's dahin. Die Deutschen okkupieren das Land, die Griechen verteidigen es in den Bergen und Bars und die Engländer gefallen sich in der Rolle derjenigen, die die Strippen ziehen und Marionettentheater spielen.

Und die Italiener?

Die kämpfen zwar noch ein bisschen weiter, doch bleibt es keinem verborgen, dass sich das Gros der italienischen Soldaten mehr für Kleidungs- denn für Kriegsfragen interessiert, weshalb es jedem (und am meisten wohl den italienischen Soldaten) klar ist, dass die griechischen Partisanen sie früher oder später entwaffnen werden. »Der Kontrast zwischen den tadellos gebügelten Uniformen und dem guten Schuhwerk der Italiener und den zerlumpten barfüßigen Partisanen war einfach zu groß.«

Wobei das mit dem Partisanen-Sein im Allgemeinen und dem Entwaffnen im Besonderen für die Griechen so einfach nicht ist, zumindest am Anfang des Krieges nicht *war*, als sich die kampfeslustigsten unter ihren Generälen in Guerillas zu verwandeln gedachten, nach einer Weile aber bemerkten, dass sie von dieser Art der Kriegsführung nicht das Geringste verstanden, weil an der Athener Militärakademie nichts, aber auch gar nichts darüber gelernt hatten, was schlicht und ergreifend daran lag, dass in der griechischen Übersetzung von Clausewitz' Lehrbuch *Vom Kriege* das Partisanenkapitel als überflüssig erachtet und folglich nicht mit abgedruckt worden war.

Die griechischen Generäle waren für den kämpfenden Widerstand somit von vornherein raus, und es wurde zur Sache einfacher Leute, in die Berge zu ziehen und dort auf Deutsche, Italiener oder andere Griechen zu schießen.

Gelegenheiten dazu gibt's jedenfalls genug, und wenn nicht, dann werden einfach welche herbeikonstruiert, derweil die Reste der griechischen Armee im Lande zur Untätigkeit verdammt sind. Das Gros der Offiziere jedenfalls kommandiert nichts als Dattelpalmen oder sitzt – ganz nach deutschem Vorbild – in irgendwelchen Dienststellen rum, deren Funktion nicht einmal dem Foreign Office in London bekannt ist.

Und der Rest der einstmals glorreichen Truppe? Die griechischen Marinestreitkräfte im Kairoer Exil? Was tun die?

Die Antwort der Historiker liest sich so: »Unter allen Dienstgraden gilt bald das Kartenspiel fast noch als achtbarste Freizeitbeschäftigung, wobei Freizeit zur Regel wird. Ansonsten lösen sich Schmuggel, ›Bordelldienst‹, Besäufnis und Messerstechereien in munterem Reigen ab. Waffen und Ausrüstung werden z. T. en gros gestohlen und an Araber bzw. Zionisten verhökert.« Andere bauen dagegen lieber Rauschgiftringe auf, lassen sich – man hat schließlich nichts zu tun – zum Chef irgendeines dubiosen ägyptischen Gefängnisses befördern und machen sich anschließend einen Spaß daraus, tonnenweise Haschisch aus Palästina zu importieren und dabei die britischen Kontrolleure zu übertölpeln. Doch damit nicht genug. Wenn schon der griechische König keine Griechen mag, können die griechischen Marinestreitkräfte auch das Wasser verschmähen. Soll heißen: »Viele Offiziere verbringen die meiste Zeit an Land und holen sich ihre Gespielinnen zu jeder Tag- und Nachtzeit auf das Schiff und engagieren dazu aus der eigenen Crew eine ›Band‹, um das dionysische Triptychon durch die melodische Komponente zu komplettieren.«

Kein Wunder, dass bald ein Drittel an venerischen Krankheiten leidet.

Andererseits, im heimatlichen Athen machen sie es nicht anders, nur dass es in diesem Fall die Deutschen sind, die sich mit Syphilis infizieren. Oder besser gesagt: damit infiziert werden, denn der griechische Widerstand findet nicht nur in den Bergen und Bars, sondern auch in den Betten statt. Jedenfalls wissen die Bordellbesitzer in Athen sehr genau, welche ihrer Mädchen an Syphilis leiden, und stecken sie gezielt zu den Deutschen – und die stecken ihn rein, so häufig und tief, dass Rommel irgendwann beklagt, er bekomme nur noch »verfaulte« Soldaten.

Nun, *das* ist ein Problem, das die kommunistischen Widerstandskämpfer unter den Griechen ausnahmsweise mal nicht haben, denn die pflegen selbst in den Bergen noch ihre schon sprichwörtlich gewordene Enthaltsamkeit, derweil sich der im Exil sitzende König in einer schwachen Stunde und mit nichts als kurzen Hosen bekleidet dazu herablässt, in Kairo (»Beim Fruchtsalat«) eine Delegation der Nationalen Befreiungsfront zu empfangen, und den verdutzten Partisanenvertretern gegenüber erklärt: »Viel habe ich von euren Sperenzchen in den Bergen gehört.«

Die kommunistischen Funktionäre glotzen wie Schafe und sind sich keiner Sperenzchen bewusst, und erst später wird klar, dass es des Königs lausiges Griechisch war, das statt von »Sperenzchen« (kamōmata) eigentlich von »Heldentaten« (katorthōmata) reden wollte.

Und so geht's dahin, durch- und mit- und gegeneinander, und die Jahre traben achtlos vorbei, und die Zahl derjenigen, die bei dieser Aufführung ihr Leben verlieren, interessiert irgendwann überhaupt keinen mehr. »Man hatte die Toten eingelegt wie die Früchte, und die Ernte war gut.«

Und Mussolini, der Ausgangspunkt dieser abgerissenen griechischen Geschichte?

Der wird am 25. Juli 1943 in Rom gestürzt, und sechs Wochen später, am 8. September, kapitulieren die Italiener komplett, nachdem sie in Sizilien von den Engländern und Amerikanern während der Operation Husky wie Hunde von der Insel gejagt worden sind. Doch damit fängt – mal wieder – das Theater erst an. Denn während die Engländer und Amerikaner die Italiener geschlagen haben, wollen nun auch die Deutschen, dass sich die Italiener ergeben, und zwar in Griechenland, schließlich soll in den Geschichtsbüchern nicht nur »Kapitulation vor den Engländern und Amerikanern« stehen. Und siehe da – es funktioniert. Zumindest lässt sich's gut an …

Die Italiener bügeln noch einmal die Uniformen, putzen die Schuhe und warten, dass die Deutschen kommen. Und die kommen. Und wundern sich, wie leicht alles geht. In Nordgriechenland entwaffnet das 2. Regiment Brandenburg mit gut 1000 Mann 14.000 Italiener *en bloc* und ohne dass ein einziger Schuss fällt, derweil man bei der in der Ägäis stationierten italienischen Marine offensichtlich sogar dankbar über die Ankunft der nunmehr offiziell verfeindeten Deutschen ist und nicht nur den Befehl aus Rom ignoriert, die eigenen Schiffe zu versenken, sondern »durch besonders kameradschaftliche Hilfe« dazu beiträgt, dass sich die Deutschen »zwei Zerstörer, vier Torpedoboote, fünf Schnellboote, ein Minenschiff, 16 Hilfsminensuchboote, 14 kleine Hilfskriegsfahrzeuge, zwei Tankschiffe, zwei Truppentransporter und sechs Frachtschiffe« aneignen können, wobei es beide Seiten tunlichst vermeiden, irgendwelche Griechen bei dem Manöver zusehen zu lassen, da diese, da ist man sich einig, nur Tragödien, aber keine Komödien anschauen dürfen. Zum Dank, und weil sie so gut mitgespielt haben, dürfen die Italiener zum Schluss aus den 52 übergebenen Schiffen fünf auswählen und sie zum Schein

ein bisschen beschädigen, damit es so aussieht, als habe man zumindest zu kämpfen versucht. Kein Wunder, dass in Griechenland bald schon das Gerücht rumgeht, auf der Peloponnes habe ein kompletter italienischer Verband seine Waffen vor einem einzelnen deutschen Soldaten gestreckt, der auch nur zufällig aufgetaucht war und angab, sich verlaufen zu haben.

Auf Korfu dagegen knallt's, denn die 11.000 dort stationierten Italiener haben keine Lust, bei der Schmierenkomödie mitzuspielen, öffnen vor den Augen des deutschen Unterhändlers das große Buch der Geschichte und teilen ihm mit, nur vor den Engländern und Amerikanern, nicht aber vor den Deutschen kapitulieren zu wollen, und erklären, nunmehr sei »die glorreichste und tragischste Seite in der neueren italienischen Militärgeschichte aufgeschlagen«.

Aufschlagen tun kurz darauf auch die Deutschen, doch endet der am 13. September 1943 mit zwölf beschlagnahmten griechischen Fischkuttern und einer Reihe von abgetakelten Sturmbooten von See her geführte Angriff bereits fünfhundert Meter vor der Küste von Korfu mit einem Toten, sieben Verwundeten und dem Verlust des vordersten Boots.

Die Sache mit der See-Eroberung wird daraufhin zu den Akten gelegt und der Einsatz der Luftwaffe befohlen, die nur allzu bereitwillig zeigt, was sie in Griechenland zu leisten vermag, und schon einen Tag später, am 14. September 1943, kippen die deutschen Flieger tonnenweise Luftminen über der Stadt Korfu aus, sprengen Löcher in die Dächer der Häuser und werfen Brandbomben hinein. Korfu brennt 72 Stunden am Stück.

Und doch reicht der Luftangriff auf die Hauptstadt der Insel nicht aus, um das Eiland selbst einzunehmen, und da die Italiener noch immer Widerstand leisten, fordern die Wehrmachtsoberen schon bald Kriegsschiffe an und bitten um schwer bewaffnete Truppen zur Eroberung der Insel.

Und siehe da, nachdem am 21./22. September die Nachbarinsel Kefalonia erstürmt, über 5.000 italienische Soldaten gefangen genommen und in abgelegenen Seitentälern von Wehrmachtseinheiten massakriert worden sind, beginnt am 24. September auf Korfu die Aktion »Verrat«, in deren Verlauf die deutschen Truppen »mit Stuka Unterstützung« die Insel binnen weniger Stunden erobern, 600 italienische Soldaten töten und 10.000 gefangen nehmen. Der Feind ist somit, wie es im Wehrmachtsdeutsch heißt, »geworfen«, doch werden die Italiener nicht, wie eigentlich gedacht (und in Kefalonia gemacht), ermordet, sondern als Kriegsgefangene behandelt. Zumindest was die »einfachen« Soldaten betrifft. Die italienischen Offiziere dagegen werden aufgefordert, zum Zwecke ihrer Exekution Aufstellung zu nehmen, und zwar gemäß ihres Ranges: »Stabsoffiziere einzeln, die anderen Offiziere zu zweien oder dreien.«

Die anschließenden Prozesse sind überaus kurz. Die Urteile werden verlesen, die Offiziere »in würdiger Form« erschossen und ihre Leichen im Meer versenkt. Da das Meer aber keine Würde kennt, spült es viele von ihnen Tage später an nahe gelegenen Stränden wieder an.

Der Rest der einstigen Inselbesatzung, die 10.000 gefangen genommenen italienischen Soldaten, sind unterdessen von Wehrmachtsverbänden zum Flughafen der Insel gebracht und dort in die Baracken und Schuppen gesteckt worden. Dass man den derart Zusammengepferchten die Nahrung verweigert, ist Teil der Geschichte. Dass es keine Toiletten gibt, ebenso. Dass auch die Amerikaner im großen Spiel der Kulturnationen mitmachen wollen, wird den Italienern dagegen erst später klar.

Am 4. Oktober greifen amerikanische P-38-Bomber den Flughafen von Korfu an. Wie viele italienische Soldaten bei dem Angriff ums Leben kommen, weiß niemand zu sagen, da nur einem Teil aus der Luft der Garaus gemacht wird, derweil andere von deutschen Bodentruppen »auf der Flucht« erschossen werden. Wer überlebt, wird fünf Tage später auf die *Mario Roselli* verfrachtet, einen 140 Meter langen Koloss aus Stahl, dessen Aufgabe es ist, das Gros der gefangenen Italiener aufs griechische Festland zu bringen, wobei die deutschen Soldaten Anweisung erhalten »den Transportraum bis zu den äußersten Grenzen unter Zurückstellung aller Bedenken« zu nutzen.

Bedenken haben auch die englischen Bomber nicht, die – es ist schließlich ein großes Spiel, bei der keine Kulturnation außen vor bleiben will – am Morgen des 10. Oktober anstelle ihrer amerikanischen Kollegen nach Korfu fliegen und die *Mario Roselli* knapp einen Kilometer von der Küste entfernt angreifen. Das Schiff wird durch zahlreiche Bombentreffer schwer beschädigt, bekommt Schlagseite und droht unterzugehen. Die meisten der italienischen Soldaten springen von Bord. Viele ertrinken. Wer es an Land schafft, wird zurück in die Flughafenbaracken gebracht. Wer auf dem Schiff bleibt, verbringt die Nacht auf einem sinkenden Kahn. Am nächsten Morgen sind trotzdem alle wieder dran, und der einzige Unterschied ist, dass es jetzt, am 11. Oktober 1943, englische *und* amerikanische Bomber sind, die sich der Insel nähern, den Flughafen angreifen und die *Mario Roselli* endgültig versenken.

Ergebnis:
Tote Italiener: Hunderte.
Scheinbeschädigungen: Keine.

Für die Italiener ist das Drama damit vorbei. Für die Bewohner Korfus dagegen setzt es sich fort, beginnt es an diesem Tag auf ein Neues, denn kaum dass die *Mario Roselli* erledigt ist, dreht ein Teil der alliierten Bomber nach Süden ab und nimmt eine Reihe von Dörfern unter Beschuss, auf deren Straßen und Plätzen Tausende Griechen nach Gemüseresten anstehen, um dem drohenden Hungerwinter zu trotzen. Dreihundert von ihnen sterben. Die in der Nähe liegenden deutschen Gebirgsjäger, die die Insel erobert haben, werden nicht angegriffen.

Kurz darauf verlassen die Gebirgsjäger Korfu, und Hasso Grabner wird mit seinem Strafbataillon auf die Insel gespült. Eigentlich sollten die Wehrunwürdigen ja kämpfen und sich »im tapferen und mutigen Einsatz vor dem Feinde bewähren«, sie bei einer Operation namens »Verrat« einzusetzen hat sich die Wehrmacht dann aber doch nicht getraut. Denn die deutschen Kommandeure wissen: »Mit der Zusammenballung von einigen Tausend Untermenschen kann man keinen Kampf führen.« Noch nicht mal gegen Italiener.

Dabei hätte man bei der Stabsführung am liebsten genau das getan: Die vaterlandsverräterischen 999er beim Angriff auf Korfu zur Hauptlandegruppe ernannt, sie auf die Boote verladen und rüber zu den mindestens genauso verräterischen Italienern geschickt. Und dann säubern, säubern, säubern. Die Insel. Von den Italienern. Die jetzt tot sind und dreckige Schuhe haben.

Ja, das wär's gewesen. Wenn sich die verräterischen Deutschen und die verräterischen Italiener gegenseitig abgeknallt hätten. Nur leider ist die strategische Bedeutung Korfus zu groß, als dass man seitens der Wehrmacht ein solches Lustspiel gefahrlos inszenieren und sich über das Ergebnis totlachen könnte.

Spaß haben die deutschen Kommandeure trotzdem auf Korfu, schließlich ist ihre Logik ebenso flagellant wie flexibel. Den Abzug der Gebirgsjäger haben sie jedenfalls genauso geplant wie den Nach-Schlachte-Einsatz von Hasso Grabners Strafbataillon, denn eines ist den Wehrmachtsoberen vollkommen klar: Falls ein alliierter Angriff erfolgt, ist Korfu ohnehin nicht zu halten. Also schlagen sie zwei Fliegen mit einer Schulterklappe, holen die Gebirgsjäger von der Insel und schicken die Strafsoldaten als Kanonenfutter hinüber.

Und wo bleibt der Witz? Ganz einfach: Bis die auf der anderen Seite der Adria stehenden Alliierten Korfu angreifen (das heißt *falls* sie es tun), verdonnern die Stabsführer die Unwürdigen dazu, sich an der Malaria-Front zu bewähren, schließlich sind die verdammten Mücken in großen Teilen Griechenlands und auch auf Korfu eine echte Plage. In manchen Bataillonen ist fast die Hälfte der Soldaten an Malaria erkrankt, und auch wenn es nicht die tödliche tropische Version der Krankheit ist, so sind die gesundheitlichen Folgen doch nichts, was man einem Herrenmenschen zumuten muss. Zumindest nicht, solange man noch genug kommunistische Untermenschen in der Hinterhand hat. Und wenn sie schon nicht verrecken oder – was die andere Möglichkeit ist – von den einfallenden Alliierten abgeknallt werden, so hat man wenigstens etwas zu lachen: »Da war einer, der hüpfte im Fieberdelirium herum wie ein Hund und bellte. Ein anderer sprang einen Unteroffizier an und wollte ihn erwürgen.«

Und Hasso Grabner? Der hat gleich doppeltes Glück, denn sein Einsatz an der Malaria-Front ist erst für später geplant – und wird dann auch ganz anders ablaufen, als von der Wehrmacht gedacht. Fürs Erste aber wird Grabner aus seiner Strafkompanie herausgelöst und als Bataillonsfunker in den Norden Korfus, in ein kleines Dorf namens Karousades, geschickt, wo er nicht viel zu tun hat, schließlich ist die Lage laut Wehrmachtsbericht inzwischen vollkommen ruhig, sind die Italiener tot oder verschifft und die Griechen im Ort offenbar tiefenentspannt. »Gegenüber der deutschen Wehrmacht verhält sich die Bevölkerung ruhig und korrekt, weithin sogar freundlich.«

Kein Wunder, dass Hasso Grabner schon bald den örtlichen Strand aufsucht, sich rücklings ins struppige Dünengras legt und die grün und braun durch sein Gesichtsfeld ziehenden Flugobjekte mit allem assoziiert, nur nicht mit britischen Bombern. Dass das, was da über den Strand von Karousades fliegt, tatsächlich keine Bomber sind, sondern sich als eine Armada von Trockendisteln entpuppt, die der

Wind in die Luft geweht hat, ist Teil des Klimas vor Ort, ebenso wie die Tatsache, dass es im Herbst '43 empfindlich frisch ist in Karousades, weshalb es Hasso Grabner vorzieht, die Abende in seinem Schloss zu verbringen.

Das imposante Gemäuer, in dem der Bataillonsfunker Hasso Grabner nicht nur arbeitet, sondern auch wohnt, stammt aus dem 16. Jahrhundert und hat vor nicht allzu langer Zeit einem Grafen gehört, der mit bürgerlichem Namen Kōnstantínos Theotókēs hieß. Theotókēs selbst hatte Ende des 19. Jahrhunderts in Deutschland studiert und war dort mit sozialistischen Ideen in Berührung gekommen, die er, als sein Studium vorbei war, derart verinnerlicht hatte, dass er sie nach seiner Rückkehr nach Korfu nicht nur propagierte, sondern auch für sich selbst praktisch umzusetzen versuchte, was dazu führte, dass er das Erbe seiner höchst einflussreichen aristokratischen Familie ablehnte und – statt wie seine Brüder, Neffen, Onkel und sonstigen Ahnen Erzbischof, Premierminister oder zumindest Parlamentsmitglied zu werden – auf Korfu einen sozialistischen Gewerkschaftsbund gründete und eine Reihe von Romanen schrieb, die sich allesamt dem Klassenkampf widmeten.

Es ist, als spiegelten sich in diesem Schloss, im Jahr 1943, die beiden Biografien. Theotókēs, der seit zwanzig Jahren tot ist, aus Korfu kam, nach Deutschland ging, dort den Sozialismus kennenlernte, anschließend zurückkehrte, seine Lehren zu verbreiten versuchte und unter ihrem Vorzeichen schrieb.

Zwanzig Jahre später wird Hasso Grabner, der aus Deutschland kam und nach Korfu ging, ebenfalls Teil einer sozialistischen Bewegung sein und nicht minder klassenkämpferische Romane verfassen. Noch aber weiß er nichts davon. Noch sitzt er auf Korfu. In einem Schloss. Und Deutschland, ja selbst der Krieg scheinen unendlich weit weg.

Und doch ist er da. Und Hasso Grabner, der Kommunist in Wehrmachtsuniform, ist Teil von ihm. Aber was kann er tun?

Zweitausend Kilometer von Korfu entfernt kennt die in einem Brandenburger Zuchthaus inhaftierte illegale Parteiführung der KPD die Antwort. Zumindest was die Kommunisten unter den 999ern betrifft. Sie empfiehlt ihnen, jede Möglichkeit zum Überlaufen zu nutzen – »zu den Sowjettruppen, zu den Partisanen in Griechenland«.

Nun, wer einsitzt, hat es mitunter schwer, sich Beweglichkeit vorzustellen. Aber wenn er es schafft, dann wird alles ganz leicht. Da muss man nur noch loslaufen und schon ist man bei den Sowjettruppen oder den Partisanen. Nur leider gibt es keine Partisanen auf Korfu. Selbst die deutschen Geheimdienststellen melden: »Organisierte Bandentätigkeit weder von kommunistischer noch von EDES-Seite vorhanden.«

»Aber die Sowjettruppen! Lauft zu den Sowjettruppen über!«, rufen die KPD-Führer zweitausend Kilometer entfernt. Allerdings gibt es nicht nur keine Partisanen, sondern auch keine Sowjettruppen auf Korfu. Wie überhaupt ganz Griechenland den Russen südwestlich am Arsch vorbeigeht. Denn eines ist klar: Stalins Emissäre schicken den kommunistischen Widerstandskämpfern in Griechenland während des Krieges Millionen warmer Worte, aber nicht eine einzige kalte Kugel.

Und Stalin selbst? Der trifft sich mit Churchill und sieht dem englischen Premier dabei zu, wie der, spontan und »auf einem halben Blatt Papier«, seine Vorstellung von der künftigen Aufteilung des Balkans skizziert. Zum Thema Griechenland macht Churchill folgenden Vorschlag: Großbritannien: 90 %. Russland: 10 %.

»Ich schob diese Notiz Stalin über den Tisch. Eine kurze Pause verstrich. Dann nahm er seinen Blaustift, machte einen großen Haken und gab mir das Blatt wieder zurück.«

Zweitausend Kilometer westlich von Moskau, in Brandenburg, weiß die einsitzende KPD-Führung nichts von dem Deal und fordert die eigenen Leute weiter beharrlich auf, zu den Sowjettruppen oder den Partisanen in Griechenland überzulaufen. Hasso Grabner sitzt derweil in seinem Schloss, notiert die eingehenden Funkmeldungen der Wehrmacht und baut sich mit ihrer Hilfe ein Kaleidoskop der Insel zusammen.

Acht Jahre später, als die meisten der Bilder schon wieder verblasst sind und ein neuer Lebenslauf die Erinnerungen ins Prokrustesbett der nächsten Ideologie zwingt, ist eines von ihnen noch immer präsent. Es lautet, in Worten, rückübersetzt: »1943 kam ich auf die Insel Korfu. Hier gab es keine aktive Widerstandsbewegung, keine Partisanen.«

Und selbst wenn es sie gegeben hätte: Wenn man auf einer Insel überläuft, bleibt man noch immer auf einer – Insel.

Rund um Korfu geht der Krieg derweil weiter, nur auf der Insel, so scheint es, passiert nichts mehr. Obwohl die alliierten Truppen nur zwanzig Flugminuten entfernt sind, den gesamten Luftraum über der Adria kontrollieren und dann und wann auch ein Bömbchen über Korfu abwerfen, herrscht auf der Insel die meiste Zeit über eine seltsame Ruhe, und fast hat es den Anschein, als sei Korfu ein Kriegsgefangenenlager, »in dem sich die Deutschen selbst verwalten und verpflegen«.

Im Frühjahr des Jahres '44 jedoch beginnen sich die Verhältnisse zu verschieben. Die prästabilisierte Harmonie der kampflosen Koexistenz mit den in Italien stehenden Alliierten kommt nahezu geräuschlos ins Rutschen. Und auch die albanischen Partisanen heben die Köpfe aus ihren Verstecken und schauen mal rüber nach Korfu. Und siehe da, auf der Insel ist inzwischen richtig was los …

Im Mai '44 landet ein englisches Flugzeug im Süden von Korfu. Da dieser Teil der Insel von den Deutschen weitgehend unbesetzt ist, wird sofort ein Aufklärungstrupp losgeschickt. Als er ankommt, muss er jedoch feststellen, dass das Flugzeug verbrannt und die Besatzung verschwunden ist.

Auf der Felseninsel Fano, die sich nordwestlich von Korfu befindet und aufgrund ihrer exponierten Lage als Schlüssel zur Adria gilt, greifen im Juli '44 Unbekannte einen Stützpunkt der Wehrmacht an. Der deutsche Stab, der fünfundzwanzig Kilometer entfernt in Karousades seinen Sitz hat, erlebt den Angriff hautnah. Die bestehende Funkverbindung überträgt live Handgranatenexplosionen und Schreie. Man vermutet Partisanen hinter der Aktion, doch werden die Angreifer nie gefasst.

Wenige Tage später wird an der Westküste Korfus, in der Bucht von Sidari, die Landung eines englischen U-Bootes gemeldet. Ob ihm jemand entstiegen ist, vermögen die Beobachter nicht zu sagen, da die Wachtposten schlecht eingeteilt sind. Dennoch: »Es verstärkt sich mehr und mehr der Eindruck, daß Korfu für die Alliierten eine Basis zur Durchdringung des Südostraumes mit Agenten zur Unterstützung der Festlandbanden bildet.«

Kurz darauf werden auf dem Meer vor Korfu sowie dem gegenüberliegenden albanischen Festland nächtliche Blink- und Leuchtzeichen entdeckt. Die deutsche Subversionsabwehr versucht, die Signale zu identifizieren, muss aber schon bald eingestehen, dass Absender und Empfänger der Nachrichten nicht nur unbekannt sind, sondern auch selbst unsichtbar bleiben. Was dagegen von Anfang an sichtbar ist, sind die Juden der Insel.

Es ist der April des Jahres 1944, und die Juden von Korfu fühlen sich trotz der deutschen Besatzung sicher. Ihre Gemeinde ist eine der ältesten in ganz Griechenland, ihre Bedeutung für das wirtschaftliche Überleben der Insel unbestritten und ihr Schutz durch ein im Hafen liegendes Schiff des Roten Kreuzes gewährleistet. Es sind diese Tage, in denen der Funker Hasso Grabner im Schloss von Karousades von seinem Truppenführer eine geheime, zweifach verschlüsselte Kommandosache empfängt. Darin werden die Kompaniegefechtsstände der Insel angewiesen, alle in ihrem Einzugsbereich wohnenden Juden zu melden.

In den folgenden 48 Stunden werden sämtliche der zweitausend auf Korfu lebenden Juden auf Listen gesetzt und gezwungen, von jetzt an regelmäßig bei den deutschen Behörden vorstellig zu werden. Die damit verbundenen Demütigungen werden stillschweigend hingenommen, und auch sonst regt sich nirgends Protest. Im Gegenteil: Der Präsident der jüdischen Kultusgemeinde von Korfu fordert seine Mitglieder auf, den Anweisungen der Deutschen Folge zu leisten. Man habe schließlich, so sagt er, nichts zu befürchten.

Hasso Grabner versucht derweil im Schloss von Karousades alle ihm zur Verfügung stehenden Kanäle zu nutzen. Er weiß, was die Zählung bedeutet, und es gelingt ihm, einen im Dorf wohnenden Juden zu warnen. Mehr schafft er nicht. Er, der noch vor Kurzem als Mittelsmann geholfen hat, die nächtliche Landung eines englischen U-Bootes zu ermöglichen, scheint in der Judenfrage vollkommen hilflos.

Am 25. April erklärt der zuständige deutsche Dienststellenleiter, dass bezüglich der Deportation der Korfioter Juden »keine grundsätzlichen Bedenken« bestehen und genügend Schiffsraum vorhanden sei.

Am 12. Mai unterrichtet die Schutzpolizei in Athen die auf Korfu stationierte Heeresgruppe E, dass der Abtransport der Juden unmittelbar bevorstehe und »beschleunigt« zu erfolgen habe. Grundlage sei eine Anordnung des SS-Reichsführers Himmler.

Am 14. Mai fordert der soeben auf der Insel angekommene Judenreferent und SS-Obersturmführer Anton Burger den Inselkommandanten Emil Jäger auf, alle Juden Korfus umgehend zu verhaften. Doch der Inselkommandant interveniert.

Jäger, im zivilen Leben Besitzer einer Reithalle, ist dem Führer eigentlich treu ergeben, und zwar so treu, dass er ihm jahrelang bei allen unter seiner Leitung stehenden Parteiveranstaltungen einen Platz freigehalten hat und – weil der Führer trotzdem nie aufgetaucht ist – sich irgendwann selbst zu ihm auf den Weg gemacht hat, allerdings nicht persönlich, sondern in Form einer Schrift, die er *Schicksalsbeitrag aus der Kampfzeit der NSDAP in Österreich* nannte und dem Hitler-Vertrauten Martin Bormann zukommen ließ mit der Maßgabe, das Opus »an den Führer heranzubringen«.

Jetzt aber, als Inselkommandant von Korfu, will Jäger »seine« Juden nicht einfach so verhaften und erst recht nicht abtransportieren lassen, schließlich, so erklärt er, liege das Rot-Kreuz-Schiff noch immer im Hafen und würde »für Gräuel-Propaganda Sorge tragen«. Außerdem sei die Bevölkerung mit den Juden solidarisch, weshalb »die unvermeidbaren Brutalitäten nur abstoßend wirken können«. Die Folge: »ethischer Prestigeverlust« und »moralische Einbuße seitens der Truppe«, was freilich nicht der einzige Preis ist, der zu zahlen wäre, schließlich besitzen die Juden, so Jäger, »erhebliche Bestände an Gold, Juwelen, Stoffe« und noch anderes mehr, das »als Bestechungsgeld unsere Soldaten und die deutsche Autorität korrumpieren« und »in seiner großen Masse nur dem Feinde dienen« würde. Er schlagt deshalb der Heeresleitung vor, die Aktion »auf unbestimmte Zeit zu verschieben«.

Im Schloss von Karousades glaubt Hasso Grabner derweil nicht richtig zu hören. Nicht nur sieht es so aus, als würden die Juden nun doch nicht abtransportiert, nein, sie sind, wenn er den Ausführungen des Inselkommandanten trauen darf, auch gewarnt. Die Hilflosigkeit, die er noch vor Tagen verspürt hat, ist jedenfalls plötzlich verschwunden.

Da es für Grabner gefährlich ist, seine Freude über die Entwicklung der Dinge offen zu zeigen, er ihr aber Ausdruck verleihen will, schreibt er in den darauffolgenden Tagen eine Reihe von Gedichten, eine Art Korfioter Trilogie der Erfüllung, die – in Form eines naturlyrischen Riesensymbols – von der Nacht über das Morgengrauen in den helllichten Tag führt. Die Anfangszeilen der letzten, am 28. Mai 1944 geschriebenen Strophe lauten: »Glückhafter Himmel Korfus, deine Töne / erklingen von den sanften Bergen wider«.

Fünf Tage später ist es der sonore Klang alliierter Jagdflugzeuge, der von den Bergen der Insel widerhallt, denn die Briten und Amerikaner unternehmen erneut einen Luftangriff gegen Korfu. Die Bomben, die sie abwerfen, sind echt, die Gebäude, auf deren Dächern sie landen, kurz darauf Schutt oder Asche und die Menschen, die es erwischt, so tot, wie's mit Bomben nur geht. Und doch ist die Attacke reine Staffage und nur dazu da, von der alliierten Landung in der Normandie abzulenken.

Auf Korfu schafft die deutsche Heeresleitung unterdessen Fakten. Am Abend des 8. Juni 1944 werden die Juden der Insel angewiesen, sich am nächsten Tag in der Stadt zu versammeln, derweil Hasso Grabner und mit ihm alle Soldaten des Strafbataillons den Befehl bekommen, dass sie sich aus dem, was morgen passieren wird, rauszuhalten haben.

Am 9. Juni werden die Juden auf Korfu Opfer der größten Razzia in der Geschichte der Insel. Nur wenige versuchen in die Berge zu fliehen, viele Juden begeben sich sogar direkt in die Hände der Deutschen. Warum, ist nicht leicht zu sagen. Vielleicht ergeht es ihnen wie den Kommunisten in Wehrmachtsuniform, vielleicht glauben sie einfach nicht daran, auf einer Insel eine Insel zu finden. Wahrscheinlicher aber ist, dass die Juden auf Korfu ihrer Geschichte und ihrer wirtschaftlichen Bedeutung vertrauen – und noch mehr den Oberen ihrer Kultusgemeinde, die sich ihre eigene Vernichtung nicht vorstellen können. Es ist nicht das erste Mal, dass aus Leichtgläubigen Leichen werden. Bereits ein Jahr zuvor hatte der Präsident der jüdischen Gemeinde von Saloniki die von der Deportation bedrohten Mitglieder seiner Gemeinde davor gewarnt, zu fliehen, da dies den Deutschen missfallen würde und das neue Siedlungsgebiet in Polen verheißungsvoll sei. Die meisten der mehr als 40.000 Juden von Saloniki glaubten ihm. Nur wenige flohen. Diejenigen, die blieben, wurden verhaftet, nach Auschwitz und Treblinka deportiert und dort zu drei Vierteln vergast. Ob sie wussten, dass der Präsident ihrer Gemeinde einst in Wien über die Schilderung der Hölle in der jüdischen Literatur promoviert hatte?

In Korfu haben sich unterdessen am 9. Juni 1944 um Punkt sechs Uhr morgens fast 1700 Juden vor der Alten Festung der Stadt eingefunden. Wer nicht freiwillig kommt, wird herbeigeprügelt, wer in einem Kranken- und Irrenhaus einsitzt, kurzfristig »entlassen«.

Die Versammelten sind an diesem Morgen aber nicht die Einzigen, die auf den Beinen sind. Auf Balkonen, hinter kleinen, in dicken Mauern steckenden Fenstern, auf Dächern und Häusern, überall stehen Gruppen von Menschen und tuscheln und schauen, derweil die Korfioter Juden unter ihnen einen großen Haufen, *eine Insel auf der Insel* bilden, umringt von Wehrmacht, Gestapo und griechischen Polizisten, die keinerlei Uniform tragen. Auch ein paar Athener Juden, die Rikanati-Brüder, helfen den Deutschen.

Und so geht's dahin. Die Korfioter Juden werden sortiert, durchsucht und zum Schluss ihrer Habseligkeiten beraubt. Sogar die Hausschlüssel nimmt man ihnen ab. Und das Kreuz-Fahrt-Schiff ist auch weggefahren.

Dafür sind andere Schiffe gekommen, und während die Juden in der Alten Festung von Korfu auf ihr weiteres Schicksal warten und jeder

Gedanke an Flucht im Mündungsrohr eines deutschen Maschinengewehrs endet, werden im Hafen der Stadt die von der Wehrmacht gecharterten Kähne zur Ladung bereit gemacht, und zwei Tage später, am 11. Juni 1944, beginnt die Deportation.

Da es auf der Überfahrt weder zu essen noch zu trinken gibt, reduziert sich die Zahl der Lebenden bereits auf dem Weg über Lefkadas nach Patras um einige Dutzend. Doch ist das den Deutschen im Grunde nur recht. Die Entsorgungsfrage wurde bereits neun Monate zuvor am Beispiel der italienischen Offiziere geklärt, das Problem der angeschwemmten Leichen erörtert und versprochen, dass das nicht wieder passiert. Die Toten werden folglich diesmal vor dem Versenken beschwert und die Tatsache, dass sie nicht wieder angeschwemmt werden, als Beweis für das Lernen aus Fehlern genommen.

Nachdem die Schiffstransporte abgeschlossen sind, werden die Korfioter Juden im Konzentrationslager Chaidari nahe Athen interniert, bevor es in Viehwaggons weiter nach Auschwitz geht. Neun Tage dauert die Bahnfahrt. Viele verhungern oder verdursten. Als die Juden am Abend des 29. Juni in Auschwitz ankommen, werden die meisten von ihnen sofort ermordet und im Krematorium Nummer zwei verbrannt.

Und in Korfu? Da blitzen die Strände, und der griechische Bürgermeister gibt Mitte Juli ein Fest. »Unsere guten Freunde, die Deutschen, haben die Insel von dem jüdischen Gesindel gesäubert. Wir müssen die Erträge unserer Felder von nun an nicht länger mehr mit ihnen teilen.«

Zwei Wochen später ist der Krieg auf Korfu endgültig zur Groteske verkommen, denn von nun an umkreist ein britischer Jagdbomber jeden Morgen die Insel. Angegriffen wird er nicht, doch greift er auch selbst nichts und niemanden mehr an, und fast scheint es, als seien ihm Italiener und Juden die lieberen Ziele gewesen. Die deutschen Soldaten jedenfalls gewöhnen sich schon bald an diese ausnehmend englische Form der Umzingelung, schauen dem Bomber dabei zu, wie er unablässig die Insel umrundet, und nennen ihn irgendwann nur noch »den Offizier vom Dienst von der anderen Seite«.

Und doch, ganz so einfach und friedvoll ist die Sache mit der »anderen Seite« nicht, denn genau genommen gibt es *zwei* andere Seiten auf Korfu. Und während die eine von außen kommt, sich der britischen Royal Air Force zugehörig weiß und jeden Morgen Rundflüge um Korfu anbietet, ist die andere im Inneren der Insel stationiert, der KPD trotz Wehrmachtsuniform treu ergeben und jede freie Stunde damit beschäftigt, aus Zündhölzern ein Modell des eigenen Stützpunkts zu bauen.

Was nach einer blödsinnigen Bastelarbeit klingt, hat in Wahrheit einen politischen Grund, schließlich hat die Soldatenzeitung *Wacht im Südosten* monatelang die Werbetrommel für die »demnächst in Wien« zu besichtigende Sonderschau »Kampfraum Südost« gerührt und dabei auch gleich noch einen Preis für den schönsten Nachbau eines Wehrmachtsstützpunkts ausgelobt.

Eine bessere Tarnung kann es überhaupt gar nicht geben. Die Kommunisten in Hasso Grabners Strafbataillon jedenfalls nehmen *erstens* die Herausforderung an, *zweitens* die Sache als Möglichkeit, sich in schöner Regelmäßigkeit unter einem absolut unverdächtigen Vorwand zu treffen, und folglich *drittens* auch entsprechend ernst, weshalb es nicht wundernimmt, dass sie das Ding – *Tarrraaa!* – schließlich auch gewinnen.

Derjenige, der den vermeintlich aus eigenem Antrieb und Freude an der faschistischen Propaganda-Arbeit handelnden Soldaten den Preis zuspricht, ist Wilhelm Hammer, seines Zeichens Abwehroffizier der Heeresgruppe E. Er ahnt nicht, dass die Preisträger Kommunisten sind, deren eigentliche Aufgabe darin besteht, auf Korfu statt Stützpunktmodellen Umsturzpläne zu basteln.

Und Pläne, die Insel von der Wehrmacht zurückzuerobern, gibt es tatsächlich auf Korfu – und Hasso Grabner ist mittendrin, ist der Knotenpunkt in einem Netz aus Informationen, die von seiner Funkstation im Schloss von Karousades über die einzelnen Kompaniestützpunkte bis in die entlegenste Granatwerferstellung laufen.

Doch die deutsche Spionageabwehr auf Korfu schläft nicht und fordert zur »Überwachung unzuverlässiger Elemente des dortigen Wehrunwürdigen-Bataillons« schon bald Geheime Feldpolizei, Feldgendarmen und zusätzliche Abwehrtruppen an.

Unterdessen hat wenige Kilometer von Karousades entfernt der Strafsoldat Hans Binder Kontakt zu griechischen Widerstandskämpfern aufgenommen. Binder, dessen Geschichte sich in einem obskuren Dunkel aus Gerüchten und Halbwahrheiten verliert und dessen politische Gesinnung irgendwo zwischen kommunistisch, kryptisch und kriminell changiert, weiht schon bald den mit ihm in direkter Verbindung stehenden Hasso Grabner in seine Pläne ein.

Doch Grabner ist skeptisch. Er, der als Funker Kontakt zur Stabsleitung hat und durch seine Stellung über weitreichende Informationen verfügt, warnt vor übereilten Aktionen. Unter den Bedingungen einer Insel, mit Blick auf das von Partisanen nur untergründig durchdrungene Korfu und die gut ausgebauten Stellungen der Wehrmacht, erscheinen ihm direkte Aktionen gegen die deutschen Besatzer als viel zu gefährlich.

Hans Binder aber will von Gefahren nichts wissen, Hans Binder will etwas tun. Also versucht er, andere Strafsoldaten für seine Pläne zu gewinnen, und lässt auch die »Kriminellen« unter den 999ern nicht außen vor – und wird schließlich von ihnen verraten.

Am Abend des 8. September 1944 stürmen deutsche Abwehrtruppen ein von Binder als konspirativer Treffpunkt genutztes Haus und verhaften die darin befindlichen griechischen Partisanen. Binder, der an diesem Abend Dienst hat und nicht anwesend ist, wird kurz darauf aus einem Schützenloch gezogen, in ein nahe gelegenes Polizeigefängnis gebracht und dort von Mitgliedern der Geheimen Feldpolizei »befragt«. Bei der zeitgleich erfolgenden Durchsuchung seiner Habe wird ein kleines Notizbuch gefunden, das die Namen der Mitwisser enthält. Der von Hasso Grabner steht ganz oben.

Noch in der Nacht erhält Hasso Grabner im Schloss von Karousades Besuch von drei Wehrmachtssoldaten, die ihn auffordern, mitzukommen. Was man ihm vorwirft, weiß er nicht. Ebenso wenig, wohin es geht, und erst nach einem dreistündigen Fußmarsch, der ihn in den westlichen Teil der Insel, in das malerisch gelegene Dorf Paleokastriza bringt, weiß Hasso Grabner, was die Stunde geschlagen hat. Vor ihm, an einem Ölbaum, im aufgehenden Licht des Tages, steht, gefesselt, Hans Binder.

Grabner erkennt sofort, dass die Militärpolizisten Hans Binder zur Erschießung hergerichtet haben. Die Hände sind auf dem Rücken verschnürt und die Augen verbunden. Doch ist das alles Staffage, denn Hans Binder kann überhaupt nichts mehr sehen. Sein Gesicht ist zerschlagen, das linke Auge komplett ausgelaufen.

Wenig später wird auch Hasso Grabner gefesselt und nur wenige Meter neben Hans Binder an einen Pfahl gebunden, doch lässt man seine Augen bewusst offen. Er soll sehen, wie sein Kamerad stirbt.

Kurz darauf hört Hasso Grabner den bekannten Befehl, sieht, wie die Kugeln des Erschießungskommandos in den gefesselten Körper eindringen. Doch töten sie Hans Binder nicht. Stattdessen tritt der befehlshabende Offizier nach vorn, stellt sich direkt vor den am

Baum hängenden Binder und schaut Grabner herausfordernd an. Als er sieht, dass Grabner zuschaut, nimmt er seine Pistole und schießt, ohne den Blick von Grabner zu wenden, Hans Binder ins Gesicht. Der gefesselte Körper sackt in sich zusammen.

Es ist das Letzte, was Hasso Grabner wahrnimmt. Dann verbindet man auch ihm die Augen, und das Kommando ertönt. »Legt an. Feuer!«

Doch kein Schuss ist zu hören. Stattdessen Gelächter, Gegröl. Nach einer Weile wird Grabner losgebunden. »Das nächste Mal wird's ernst, du Kommunistenschwein«, erklärt ihm der Offizier in geradezu vorfreudigem Ton. Dann bringen die drei Soldaten Hasso Grabner nach Karousades zurück.

Im Grunde ergeht es der Wehrmacht anno 1944 auf Korfu wie dem Richter neun Jahre zuvor in Dresden. Man glaubt, Hasso Grabner eine Lektion erteilt zu haben, doch hat der die seine längst schon gelernt. Als er am nächsten Tag durch den mit ihm im Schloss stationierten Funktruppführer erfährt, dass infolge des Binderschen Verrats das gesamte Strafbataillon auf der Insel aus Sicherheitsgründen entwaffnet und jeder zehnte Soldat erschossen werden soll, gibt er die Nachricht sofort an die mit ihm dienenden »Politischen« weiter, und mit Glück und diplomatischem Geschick gelingt es ihnen, den Plan zu durchkreuzen. Als Hasso Grabner schließlich über Funk hört, dass die angeordnete Entwaffnung rückgängig gemacht worden ist und auch die geplanten Erschießungen ausgesetzt sind, atmet er auf. Ein paar Tage später bleibt ihm freilich erneut die Luft weg.

Es ist Ende September, und Hasso Grabner erfährt über eine Reihe höchst geheimer Kanäle, dass sich der Ortsvorsteher von Karousades, Konstantinos Kladas, dafür ausgesprochen hat, ihn, den Kommunisten in Wehrmachtsuniform, zum Ehrenbürger zu machen. Zur Begründung heißt es, Grabner, den alle im Dorf nur »den Doktor«

nennen, habe sich um das Wohl des Ortes verdient gemacht, schließlich hat er – was jeder weiß, aber keiner laut sagt – den Wehrmachtsbestand an Malariamitteln um 10.000 Atebrin-Tabletten erleichtert und sie den Leuten gegeben. Außerdem hat er durch seine Funksprüche mehrfach deutsche Wachtposten »neu eingeteilt« und dadurch die Landung eines mit Widerstandskämpfern besetzten Bootes aus Albanien ermöglicht und auch sonst alles getan, um in Kontakt mit den Griechen und ihren Widerstandskämpfern zu kommen.

Doch Hasso Grabner will nicht Ehrenbürger von Karousades werden. Hasso Grabner will nach Hause.

Ein paar Tage später bekommt er die Chance dazu. Am 1. Oktober 1944 ziehen sich die Deutschen aus Korfu zurück. Kurz zuvor ist das gesamte 999er-Bataillon noch flugs für wehrwürdig erklärt und jeder Soldat zum Gefreiten gemacht worden. Der Einzige, den man davon ausgenommen hat, ist Hasso Grabner. Aber die Heeresleitung rechnet ohnehin nicht damit, dass er überlebt. Seine Einheit ist schließlich die letzte des Westflügels der Heeresgruppe E. Und auf einem Rückzug hat die Nachhut die Feinde als Erste im Nacken. Die Verluste, so schätzt man, werden außerordentlich hoch sein.

Wehn von Albaniens Riesen
kühlere Winde ins Land.
Skanderbegs Adler zu grüßen
heb ich die Bruderhand.

Hasso Grabner: *Den Adlern jenseits der Straße von Korfu*,
Insel Korfu, 15. April 1944

Heimgehen

Im Grunde ist ab Oktober '44 alles nur noch Eigenbeschuss. Friendly fire quer durch Albanien. Und Hasso Grabner ist mittendrin.

Er, der gerade noch auf Korfu für seine Hilfe bei der Landung albanischer Partisanen aus Saranda ausgezeichnet werden sollte, wird nun, am 1. Oktober von Korfu kommend, bei seiner Landung von Partisanen aus Saranda beschossen. Dass unter den Albanern, die die Stadt umstellt und das Feuer eröffnet haben, auch zwei Leipziger Kommunisten sind, die aus ihrer 999er-Einheit fliehen konnten und nun, getreu dem Auftrag der KPD, auf der Seite der Partisanen kämpfen, macht die Sache fast schon wieder erträglich. Dass die Anfang Oktober nördlich von Saranda gelandeten 1 200 britischen Marinesoldaten von den Albanern zunächst zum Gehen aufgefordert werden und erst nach ein paar Sperrfeuerstunden mitschießen dürfen, lässt in und um Saranda zumindest Raum zum Überleben. Es bleiben trotzdem 400 Mann liegen. Hasso Grabner ist nicht unter ihnen.

Was folgt, ist ein großer, s-förmiger Bogen, in dem Grabners Bataillon quer durch Albanien zieht. Von Süden nach Osten weiter in die Mitte und über den Westen des Landes nach Norden hinaus. Und alles, was bleibt, sind Orte, deren Namen die Soldaten noch nie gehört haben (Delvina, Korça, Struga, Elbasan), Verluste, die nur noch geschätzt werden können (»Tirana: ca. 1 500 Mann«), und eine Tropenuniform, die in den albanischen Bergen aus Wehrmachtssoldaten Witzfiguren macht.

»Der Rückmarsch«, so wird Hasso Grabner später berichten, »war von unvorstellbarer Härte. An ein Überlaufen war nicht zu denken. Die Partisanen, besonders die albanischen, machten keine Gefangenen.«

Und sie erkennen auch nicht die Kommunisten und antifaschistischen Widerstandskämpfer in den Reihen der Wehrmacht, und als eines Nachts das Lager von Hasso Grabners Kompanie überfallen wird, ist keine Zeit für Erklärungen. Es geht ums nackte Überleben. Hasso Grabner schießt einem der heranstürmenden Partisanen seine Leuchtspurmunition ins Gesicht, einem anderen rammt er das Bajonett in den Bauch.

Erst am nächsten Morgen, als der Kampf vorbei und das Aufräumen Teil des Schlachtwerks ist, sieht Hasso Grabner, dass der Erstochene einen roten Stern an der Mütze trägt. Heimlich löst Hasso Grabner ihn ab. Es ist das Souvenir eines inoffiziellen Bruderkampfes, der in der offiziellen Verlautbarung der Wehrmacht ein Sieg über den Feind ist, in dessen Folge Hasso Grabner die Nahkampfspange verliehen bekommt.

Da steht er also, Hasso Grabner, und hält zwei Souvenirs in den Händen und weiß nicht, welches von beiden das schrecklichere ist.

Eine Schleife schließt sich, ein Knoten geht zu. Vor zehn Jahren hat Hasso Grabner in Leipzig eine illegale Zeitung verteilt. Es war die zweite Ausgabe der *Jungen Garde*, und sie hat ihn – über Waldheim, Buchenwald, den Heuberg und Korfu – hierher nach Albanien geführt. In der Zeitung war damals ein Artikel über den kommunistischen Widerstand abgedruckt. Darin hieß es: »Wir werden die Waffen von der Bourgeoisie in die Hand nehmen, aber sie nicht gegen unsere Brüder jenseits der Grenzen, sondern gegen den Feind im eigenen Land richten.«

Jetzt, im Innern der jenseitigen Grenzen, scheitert der Klassenkampf der kommunistischen Brüder an Äußerlichkeiten. Wer in der Tropenuniform der deutschen Wehrmacht durch die verschneiten albanischen Berge zieht, kann, wenn schon nicht auf Mitleid, so doch auf den Gnadenschuss hoffen.

Im November 1944 schließlich wird die Festungsbrigade 1017, der inzwischen auch Hasso Grabners Bataillon angehört, auf dem Edelweiß-Pass nahe Tirana von albanischen Partisanen vollständig eingekesselt und unter Feuer genommen. Die Abwehrversuche sind lächerlich und die Verluste so hoch, dass man bald nur noch die Überlebenden zählt und die Leichen auf eilends angelegten Friedhöfen verscharrt. Den Rest erledigen die einheimischen Wölfe und der albanische Schnee.

Auch Hasso Grabner muss Gräber ausheben, Kreuze aufstellen und Gefallene begraben. In eines der Kreuze ritzt er ein kleines Gedicht. Dass er sich darin gegen den Krieg wendet, stört schon längst keinen mehr. Die Offiziere sind müde. Wenige Wochen später erhält auch Hasso Grabner sein Kreuz.

Bis es aber so weit ist, geht der Rückzug über die albanischen Berge weiter, doch versacken die Soldaten bald immer tiefer im Schnee, legen sich hin und wollen nicht mehr. Hasso Grabner aber will nicht liegen bleiben. Hasso Grabner will nach Hause. Also muntert er seine Kameraden auf, jagt sie hoch, treibt sie an. Wenn es sein muss mit einem Taschenmesser, mit dem er auf die im Schnee liegenden Ärsche einsticht. Als er im Dezember 1944 schließlich noch hilft, einige Soldaten seiner Kompanie aus einem von Partisanen angegriffenen Haus zu befreien, ist es um Hasso Grabner geschehen. Am 2. Januar 1945 wird ihm »im Namen des Führers« wegen »Tapferkeit vor dem Feind« das Eiserne Kreuz II. Klasse verliehen.

Grabner selbst ist die Verleihung schrecklich peinlich, doch der Kompaniechef rettet die Situation auf seine Weise. Er brüllt: »Siehst du, Grabner, du altes Kommunistenschwein, jetzt mußt du doch noch mit dem Hakenkreuz auf dem Bauch herumlaufen.«

Und Grabner läuft. »Vom Verlangen getrieben, beim Zusammenbruch in der Heimat zu sein«, lässt er Albanien hinter sich, zieht durch Montenegro, überquert – kommunistische Ideale im Kopf und das Eiserne Kreuz an der Brust – das zweitausendfünfhundert Meter hohe Durmitor-Massiv und gelangt schließlich nach Kroatien. Von hier aus, das weiß er, sind es noch immer weit über tausend Kilometer bis nach Hause.

Am 18. Januar 1945 entfernt sich Hasso Grabner in Sarajevo von der Truppe. Ihm ist klar, dass das Fahnenflucht ist. Aber welche Wahl hat er? Sein Bataillon ist bereits um 90 % dezimiert und irgendwann ist mit der Zahl der möglichen Opfer auch das Glück aufgebraucht.

Was folgt, ist unbekanntes Land, damals wie heute. Hasso Grabner hält sich nordwestlich. Die geschriebene Geschichte hält sich raus. Keine Quelle, kein noch so obskures Stück Papier gibt Auskunft über das, was im Januar und Februar '45 mit Hasso Grabner passiert. Sicher ist nur, dass er im März im österreichischen Neunkirchen eintrifft und dass seine Arme, Hände und Beine voller Granatsplitter sind. Wenn Hasso Grabner seine Linke gegens Licht hält, sieht es aus, als schwämmen in seinem Handteller kleine Fische umher.

Neunkirchen selbst ist so schön, dass Hasso Grabner am liebsten gleich weiterziehen möchte, doch hat die Wehrmacht in dem Ort ein Lazarett eingerichtet. Der Krieg, so scheint es, hat das Bataillon der möglichen Opfer noch einmal neu aufgefüllt. Allerdings hat er jetzt, da sich die Sache dem Ende zuneigt, nur noch Verletzte bekommen. Ein halbes Dutzend Baracken ist voll davon.

Als am Abend des 26. März vier amerikanische Bomber kommen, hält sich Hasso Grabner gerade im Garten des Lazaretts auf. Als sie wieder weg sind, ist die Zahl der Verletzten in den Baracken deutlich gesunken.

Am 28. März werden die schlimmsten der Splitter aus Hasso Grabners Körper entfernt. Der Rest bleibt drin. Für später. Als Erinnerung an die Möglichkeit eines Krieges. Und die Unmöglichkeit, seine Spuren zu tilgen.

Auch Hasso Grabners eigene Spur scheint jetzt wieder auf, das unbekannte Land liegt hinter ihm. Vor ihm aber liegt das vollkommen zerstörte Büro des Wehrmachtslazaretts. Frisch operiert, geht Hasso Grabner hinein, sucht sich ein Blatt Papier, schnappt sich einen Stift – und schreibt sich selbst den Entlassungsschein. Ein herumliegender Stempel beglaubigt die Sache, und Hasso Grabner kann seinen Weg nach Hause fortsetzen. In Wien erreicht er den letzten Zug nach Leipzig, und am 1. April '45 ist er zurück in der Stadt.

Ein anderer Soldat aus Leipzig hat derweil weniger Glück, auch wenn er schon seit März '44 in vermeintlicher Sicherheit ist. In einem Kriegsgefangenenlager in Oklahoma/USA wird der Festungsinfanterist Kuhnert von Wehrmachtssoldaten wegen seines Wirkens in einem 999er-Bataillon als Feind des Großdeutschen Reiches verurteilt und mit schweren Porzellantassen zu Tode gesteinigt.

Kuhnert ist nicht der einzige Unglücksselige, der dieses Schicksal erleidet. Im französischen Kriegsgefangenenlager Pont du Fass werden zahlreiche politische 999er von den mit ihnen inhaftierten Wehrmachtssoldaten mithilfe ihrer Stiefel zu Tode getrampelt, derweil sich die von den Alliierten gefangen genommenen deutschen Einheiten im tunesischen Bizerta ihrer Sache so sicher sind, dass sie sich »Club der überstarken Nazimänner« nennen und die ihrer Meinung nach »ehrlosen Strafsoldaten« in einem regelrechten Verfahren zum Tode verurteilen, das Urteil im Lager aushängen und die »Unwürdigen« anschließend erdrosseln und erhängen.

In Leipzig taucht Hasso Grabner derweil in einem Diakonissenkrankenhaus unter.

Zwischenakt – Leipzig, April '45

Der 1. April 1945 ist Ostersonntag, und während ein paar Versprengte in den Leipziger Parks Eier suchen, hat Hasso Grabner allen Grund, sich im Westen der Stadt in einem Krankenhaus zu verstecken. Die Nazis wissen, dass ihr Ende naht, und wer ihnen in die Hände fällt und auch nur den Anschein eines Vaterlandsverräters erweckt, bekommt jetzt nicht mal mehr einen kurzen, sondern gar keinen Prozess.

Am 12. April werden fünfundsechzig politische Häftlinge, die der Wehrmacht zuvor zwangsweise als Soldaten gedient haben, aus einer Leipziger Haftanstalt geholt und von der Geheimen Staatspolizei mit dem Ziel ihrer späteren Liquidierung nach Dresden geschickt.

Am 13. April beginnt die Gestapo neben der physischen Vernichtung ihrer Gegner mit der Aktion »Aktentod«. Besonders eifrig bei der Sache ist Paul Budin, seines Zeichens Generaldirektor der Leipziger HASAG, eines der größten Rüstungsbetriebe des Deutschen Reiches, der noch vor Kurzem mithilfe Tausender jüdischer Zwangsarbeiterinnen Panzerfäuste für den deutsche Endsieg produziert hat. Um möglichst viele Beweise zu vernichten, sprengt Budin das komplette Verwaltungsgebäude der HASAG um Punkt 23.50 Uhr in die Luft. Dann verschwindet er. Ob in den Trümmern seines Betriebs oder in ein anderes Land, weiß bis heute niemand zu sagen.

Am 14. April wird der politische Häftling Karl Franz in Leipzig von einem Exekutionskommando der Wehrmacht aufgrund seiner antifaschistischen Gesinnung standrechtlich erschossen. Bereits zuvor war die Gestapo mit einem eigens dafür von einem örtlichen Reiseunternehmen gecharterten Bus in zwei Polizeigefängnisse gefahren, hatte zweiundfünfzig politische Gefangene abgeholt, sie zu einem Exerzierplatz im Norden der Stadt gebracht und dort per Genickschuss hingerichtet. Gräber müssen diesmal keine geschaufelt werden, da ein amerikanischer Luftangriff zwei Tage zuvor einen ausreichend großen Bombentrichter hinterlassen hat. Nachdem der letzte blutspuckend über den Rand gekippt ist, fahren die Täter zu einem in der Nähe wohnenden Fleischermeister, verhaften ihn, konfiszieren seine sämtlichen Schinken und den im Haus befindlichen Alkohol und beschließen den Tag mit einem Gelage.

Am 15. April schließlich bezieht Hans von Poncet, Ritterkreuzträger und frisch ernannter Kampfkommandant von Leipzig, »mit kampfentschlossener Gebärde« seinen Gefechtsstand im Völkerschlachtdenkmal, einer 300.000 Tonnen schweren und 90 Meter hohen Trutzburg aus Stampfbeton und Granit, derweil es sich das Naturkundliche Heimatmuseum der Stadt nicht nehmen lässt, auf dem direkt neben dem Völkerschlachtdenkmal liegenden Südfriedhof eine vogelkundliche Führung abzuhalten.

Dreißig Jahre später wird Hasso Grabner auf demselben Denkmal stehen, hinab auf den Südfriedhof blicken und seiner Frau mitteilen, dass das der Ort ist, an dem er zur Ruhe zu kommen gedenkt. Bis dahin aber hat er noch Zeit. Und auch keine Ruhe, obgleich er jetzt, am 15. April '45, bis auf Weiteres zu ebendieser verdammt ist, nichts tun kann, *in einem verdammten Krankenhaus liegt* und nicht weiß, ob er entdeckt wird und wenn ja, von wem. Ganz zu schweigen von der Frage, was dann passiert.

Am 16. April gibt es in Leipzig den ersten Panzeralarm. Auf dem Südfriedhof müssen die Erdbestattungen an diesem Tag entfallen, da sich niemand findet, der die Gräber aushebt. Ansonsten ist es ein schöner Tag. In den Leipziger Parks blühen die ersten Narzissen.

Am 17. April ist in Leipzig ein neues Alarmzeichen zu hören: Feindalarm! Die Amerikaner sind in der Stadt. Viele von ihnen sind schwarz. Sie benutzen unbekannte UKW-Sprechfunkgeräte.

Am 18. April, gegen 12.30 Uhr, werden in einem Leipziger Außenlager des Konzentrationslagers Buchenwald 300 Häftlinge in eine Baracke gesperrt, die Fenster und Türen vernagelt und das Gebäude mit Hunderten Litern Azeton übergossen. Anschließend legen ein Dutzend SS- und Volkssturmmänner Feuer. Wer den Flammen zu entfliehen versucht, wird mit Panzerfäusten und Maschinengewehrsalven niedergeschossen. Um 20 Uhr rufen die Mörder die einheimische Gestapo, lassen sich von ihr abholen und fahren nach Hause. Im Neuen Rathaus der Stadt bereiten sich die Stadtoberen derweil auf ihren letzten großen Auftritt vor.

Am 19. April finden amerikanische Soldaten den Oberbürgermeister der Stadt in seinem Dienstzimmer. Er sitzt mit seiner Frau und Tochter im Kreis, währenddessen im Raum nebenan der Schatzmeister seinen Kopf in den Händen hält, seine Frau ihm gegenüber im Sessel lehnt und die Tochter der beiden es sich auf der Couch gemütlich gemacht hat. Eine gut sichtbar auf dem Schreibtisch platzierte Flasche Pyrimal macht aus den Schlafenden Tote, und die sorgsam daneben ausgebreiteten Dokumente helfen bei der Identifizierung.

In den Katakomben des Völkerschlachtdenkmals will man unterdessen vom Aufgeben nichts wissen, gleichwohl 155-mm-Granaten im Minutentakt auf das Denkmal abgefeuert werden und jeder Schuss ein Volltreffer ist. Allein, was einschlägt, prallt auch gleich wieder ab, und was herausgesprengt wird, ist im Vergleich zum Denkmal lächerlich klein und als durch die Luft sirrender Gesteinsbrocken eher eine Gefahr für die umliegenden Häuser denn für die deutschen Besatzer im Innern, die es sich während des alliierten Beschusses nicht nehmen lassen, den gefangen genommenen amerikanischen Soldaten die kostbaren Bücher in der Krypta zu zeigen und ihnen Geschichten von der Völkerschlacht zu erzählen. Und warum auch nicht? Es ist die beste Möglichkeit, diesen amerikanischen Banausen mal zu zeigen, was für ein Kulturvolk man ist.

Am 20. April schließlich ergibt sich der Kampfkommandant von Leipzig, nachdem ihm der mit ihm verhandelnde amerikanische Offizier ein Stück aus einem Drama von Kleist zitiert hat. Die Zusicherung, den Kommandanten nicht als Kriegsgefangenen zu behandeln und sicher aus der Stadt zu geleiten, erleichtert diesem die Entscheidung. Die nach der Aufgabe des Denkmals in Gefangenschaft gehenden deutschen Soldaten werden hierzu wie üblich nicht gefragt – und die gefallenen amerikanischen können keinen Widerspruch mehr einlegen.

Hasso Grabner hat sich derweil mal wieder selbst aus einem Krankenhaus entlassen.

Jeder Schritt wirklicher Bewegung ist wichtiger als ein Dutzend Programme.

Karl Marx: Brief an Wilhelm Bracke vom 5. Mai 1875

Zu Hause

Obwohl amerikanische Soldaten den Wehrmachtsangehörigen Hasso Grabner am 18. April 1945 in einem Leipziger Diakonissenhaus offiziell gefangen nehmen, gelingt diesem schon wenig später die Flucht, woraufhin der Abteilungsarzt nur noch feststellen kann: »Patient hat sich heute unerlaubterweise aus dem Lazarett entfernt und ist nicht mehr zurückgekehrt.«

Zuvor hat sich Hasso Grabner allerdings noch eine Art Entlassungsschein geschrieben, doch ist es diesmal kein herumliegendes Stück Papier, sondern ein amerikanischer Fragebogen, auf dem er die passenden Antworten einträgt. Strafbataillon. Von der Truppe entfernt. Desertiert.

Dass er Kommunist ist, erwähnt Grabner nicht. Das werden die Amerikaner, so denkt er sich, ohnehin bald bemerken. Und in der Tat: Als der oberste Befehlshaber der amerikanischen Militärregierung in Leipzig, Major Richard Eaton, am 28. April 1945 das antifaschistische Nationalkomitee Freies Deutschland (NKFD) verbietet, ist Hasso Grabner natürlich in genau diesem aktiv. Aber das ist für Grabner kein Problem, im Gegenteil, schließlich hat sich der bildungsfimmelige Marxist in ihm lange genug mit Dialektik befasst, um zu wissen, dass Verbotsschilder per se höchst seltsame Gebilde sind, da sie die Befriedigung eines Wunsches unter Strafe stellen, den sie unter Umständen selbst erst geweckt haben. Hasso Grabner jedenfalls nimmt das Verbot zum Anlass, um im Mai eine NKFD-Jugendgruppe zu gründen und im Juni eine entsprechend illegale Konferenz mit dreihundert Teilnehmern abzuhalten.

Aber auch andernorts verbinden sich in Leipzig kommunistischer Aufbauwille und jahrelang im Geheimen gewachsener Widerstand, weshalb die amerikanische Spionageabwehr am 15. Mai nach Hause funkt, man sehe sich in der Stadt »zum ersten Mal im deutschen Feldzug einer deutschen Untergrundbewegung von Größe und Gewicht« gegenüber.

Hasso Grabner freilich ficht das nicht an. Im Gegenteil, es ist, als müsse er die liegen gebliebene politische Arbeit der vergangenen elf Jahre binnen weniger Wochen nachholen, als sei jetzt, wo die Amerikaner in der Stadt sind und die Russen davor stehen, der Moment für die Revolution endlich gekommen. Also jagt er mit dem Rad von früh bis spät durch die Stadt, schmiedet, während seine dürren Beine wie die Nadeln zweier Nähmaschinen unter ihm auf und nieder schießen, im Kopf allerlei Pläne und hört auch dann nicht damit auf, wenn er mal für einen Moment still steht. Aber das ist nur selten der Fall, und überhaupt macht Hasso Grabner am liebsten alles gleichzeitig: Dampft durch sämtliche Gassen, hält Reden, organisiert Versammlungen, besorgt sich eine Schreibmaschine, hämmert Agitprop-Texte aufs Papier, verfasst nebenbei noch Gedichte, schreibt ein Jugendlied und wird, weil das alles noch nicht genug ist, im August 1945 Leiter der Kulturabteilung des antifaschistischen Jugendausschusses der Stadt. Drei Wochen später übernimmt er den Vorsitz der gesamten Organisation.

Es ist die einzige, die die neue, das heißt nunmehr *sowjetische* Militäradministration den Jugendlichen erlaubt. In dem Gremium sitzen – genau wie in dem Ende Mai gegründeten und von Grabner gleichsam mit angeführten Antifaschistischen Block – neben Kommunisten auch Sozialdemokraten, Liberale, Parteilose und Christen. Das ist politisch sinnvoll, demokratisch gerecht und mit Blick auf die Leipziger Bevölkerung auch repräsentativ, gefällt aber der soeben aus dem Moskauer Exil nach Berlin zurückgekehrten Initiativgruppe der KPD um Walter Ulbricht ganz und gar nicht, schließlich will sie bis zur endgültigen Zementierung ihrer eigenen Macht von sich selbst verwaltenden Initiativen und überparteilichen Blocks nichts wissen und hat auch sonst kein Interesse an irgendeiner »Rummurkserei mit der Antifa«.

Die Leipziger Kommunisten jedenfalls werden noch im Sommer '45 auf Linie, das heißt der Antifaschistische Block in die den Berliner Genossen genehme Kaderkopfform gebracht und alle übrig gebliebenen Komitees, wie Ulbricht es nennt, »liquidiert«. Wer sich dagegen auflehnt und beim allseits beliebten Zeichnen von Zukunftsbildern die Zentralperspektive missachtet, wird zwangsversetzt und darf im nächstbesten Gefängnis Wimmelbilder ins Mauerwerk kratzen.

Hasso Grabner indes hält durch, führt die Jugendarbeit weiter, wird Mitglied der Kreisleitung der Leipziger KPD, tritt im April '46 in die frisch zusammenzementierte SED ein, nimmt auch dort sogleich einen Posten in der Kreisleitung an und wird, weil man in der Einheitspartei auch die Jugend möglichst einheitlich bearbeitet wissen will (und Mehrfachbelastungen für das Arbeitstier Grabner sowieso an der Tagesordnung sind), bereits im März erster Vorsitzender der neu gegründeten Leipziger FDJ. Oder auch nicht.

Die einschlägigen Quellen jedenfalls sind sich in dieser Frage nicht einig. »Hasso Grabner wird erster Vorsitzender der FDJ«, heißt es in einer, derweil eine andere steif und fest behauptet: »Alfred Nothnagel übernimmt den Vorsitz der Leipziger FDJ.«

Ob der Nothnagel nur ein Notnagel ist oder tatsächlich den Alfred für die Freie Deutsche Jugend mimt, ist letztlich nicht zu entscheiden, im Grunde aber auch nicht weiter wichtig, denn fest steht, dass Hasso Grabner nur wenige Tage nach der Gründung der FDJ die Jugendarbeit aufgibt, vielleicht aber auch aufgeben muss, denn: »Die Partei versetzte mich nach Dresden.«

Und jeder weiß, dass für einen Leipziger eine Versetzung nach Dresden immer eine Strafversetzung ist.

Als Grabner in Dresden ankommt, ist er zwar nicht arbeits-, dafür aber vollkommen ahnungslos, denn die Partei hat ihn, den gelernten Buchhändler, zum Intendanten des Mitteldeutschen Rundfunks ernannt.

Da steht er also, Hasso Grabner, in einer Riesenruine namens Dresden, und hat von Tuten und Blasen keine Ahnung – und auch kein Instrument. Was also tun?

Hasso Grabner weiß es schlicht und ergreifend nicht. Aber einfach so rumsitzen und warten, dass etwas passiert, ist auch nicht sein Ding. Also zieht er los. Und wandert wie ein Hausierer durch die Straßen der Riesenruine. Und bettelt nach allem, nur nicht nach Brot. »Entschuldigen Sie, ich komme vom staatlichen Rundfunk, haben Sie vielleicht eine Geige?«

Natürlich hat keiner 'ne Geige, und wenn, dann ist sie nicht heil. Aber Hasso Grabner, der Rundfunkintendant, wäre nicht Hasso Grabner, der Buchhändler, wenn er in den Resten von Dresden nicht noch etwas anderes fände. Französische Literatur zum Beispiel. Als er mit einem der aufgestöberten Bücher – Alphonse Daudets *Tartarin von Tarascon* – eine Sendung machen will, interveniert der zuständige sowjetische Besatzungsoffizier mit der Begründung, dass er von französischer Literatur nichts verstehe. Weil Grabner aber von Mutter Natur und Vater Geschichte eine mitunter an Arroganz grenzende Selbstsicherheit mitbekommen hat, macht er die Sendung trotzdem. Weil sie dem Offizier gefällt, darf er auch weitermachen. Weil die Dresdner andere Probleme als französische Literatur haben, darf er's damit aber nicht übertreiben.

Aber Hasso Grabner, der Rundfunkintendant, wäre nicht Hasso Grabner, der Pragmatiker, wenn er nicht aus zwei Nöten *eine* Tugend machen würde. Will sagen: Die ausgebombten Dresdner mit den kaputten Radios werden in den Sender eingeladen, die Empfangsprobleme von den hauseigenen Technikern gelöst und die derart Beglückten gebeten, ihre Rechnung (zwecks Erweiterung des Programmes um eine lokale Komponente) direkt live vor Ort zu bezahlen. »Frau Maria Paudler«, heißt es zum Beispiel, »sang vor dem Mikro für die Reparatur ihres Rundfunkgeräts.«

Kein Wunder, dass Hasso Grabner rückblickend voller Stolz bemerkt: »Ich machte den billigsten Rundfunk der Welt, mit einem Magnetophonband; wenn es zu Ende war, mußten wir quasseln.«

Und quasseln tut Hasso Grabner. Allerdings nicht lange.

Weil er nicht jeden Programmpunkt vorab mit der Zensurbehörde bespricht und deren Bestimmungen gelegentlich etwas frei interpretiert, gerät er schon bald ins Visier der Sowjets. Als er kurz darauf eine ihm angebotene Funktionärswohnung in einem von Soldaten bewachten Gebiet mit der Begründung ablehnt, er sei lange genug eingesperrt gewesen, macht das die Lage auch nicht gerade besser. Hasso Grabner jedenfalls wird den Russen immer suspekter – und sein Freiheitsdrang bald zum Problem. Im Mai '46 schließlich hat die sowjetische Militäradministration von den eigensinnigen Ideen ihres Intendanten genug, fordert seine Absetzung und erklärt, mit der Fassungslosigkeit einer auf Unterordnung und Obergehorsam getrimmten Behörde: »Immer wieder schaltet sich Hasso Grabner in Rundfunkübertragungen ein – als Reporter!«

Hasso Grabners Karriere beim Mitteldeutschen Rundfunk ist nach genau 49 Tagen vorbei.

Da steht er also in Dresden, in den Resten der Riesenruine, und ist, wenn schon nicht ahnungs-, so doch arbeitslos, derweil einer seiner alten Kumpels in Leipzig steht und vor lauter Arbeit nicht weiß, wo er anfangen soll. Sein Name ist Fritz Selbmann, und genau wie Hasso Grabner hat er die Jahre zwischen 1935 und 1938 in Waldheim im Zuchthaus verbracht. Vielleicht ist es dieser Moment, in dem sich Selbmann an seinen alten Freund Hasso Grabner erinnert, vielleicht ist es aber auch einfach nur eine der üblichen Volten der Historie, ein kleines Zauberkunststück in der Raum-Zeit namens Geschichte, in deren Verlauf Fritz Selbmann – in grauem Lodenanzug mit Ringkragen und Stiefeln mit turmhohem Schaft – kurzerhand zurück nach Waldheim teleportiert wird.

»Hierher«, erklärt ihm die Geschichte, als wüsste es der Minister nicht selbst, »kamen Mitte der dreißiger Jahre zahlreiche Kommunisten.« Und dann, in jenem orakelhaftem Ton, den die Wahrsager so lieben: »Sie kamen hierher, auch wenn sie gar nicht hierher kommen wollten, derweil sie jetzt, zehn Jahre später, nicht von hier wegkommen, auch wenn sie gar nicht mehr da sind.«

»Was soll das heißen?«, könnte Fritz Selbmann jetzt fragen, doch tut er es nicht. Stattdessen steht er in Waldheim, vorm Zuchthaus, im grauen Lodenanzug, mit turmhohen Stiefeln. Er sieht aus wie eine Figur aus einem Roman von Karl May, irgendwie deplatziert und seltsam bekleidet. Aber das juckt Fritz Selbmann, den alten Schlagdrein der KPD, nicht im Geringsten. Er schaut lieber nach Osten, ins wilde Dresden, wo der rasende Reporter Hasso Grabner ziellos und mit hängendem Kopf am Straßenrand steht.

»Du musst nur zugreifen«, sagt die Geschichte – und Fritz Selbmann, der gelernte Bergmann, greift zu. Er hebt den gewaltigen linken Arm mit der riesigen Pranke vorn dran, langt – es ist ihm ein Leichtes – von Waldheim direkt bis nach Dresden und holt Hasso Grabner da raus.

Dann zieht er ihn zu sich, wechselt – irgendwo im Tal über Waldheim – die Hand, klappt seinen rechten Arm in Richtung Westen, nach Leipzig, hin aus, stellt Hasso Grabner dort ab – und schweigt.

»Du bist von jetzt an Fritzes rechte Hand«, sagt die Geschichte, »abgestellt für die Überwachung der Durchführung der SMAD-Befehle 124 und 126.«

»Die Konfiszierung der Nazivermögen?«, fragt Hasso Grabner, ob der plötzlichen Versetzung noch ein wenig verwirrt.

»Ganz recht, die Nazivermögen«, sagt die Geschichte, »Konfiszierung, Sequestrierung, Expropriierung.«

»Expropriation«, verbessert Hasso Grabner, »ich hab in Waldheim schließlich nicht umsonst Lateinisch gelernt.«

Die Geschichte schweigt.
Hasso Grabner legt los.
Fritz Selbmann freut sich.
Einen Monat später ist alles schon wieder vorbei.

Durch einen Volksentscheid wird in Sachsen am 30. Juni 1946 das »Gesetz über die Übergabe von Betrieben von Kriegs- und Naziverbrechern in das Eigentum des Volkes« angenommen. Die Expropriation der Expropriateure hat damit offiziell begonnen – und aus Moskau kommen Glückwünsche über gewohnt klandestine Kanäle. Was die sächsischen Kommunisten in kürzester Zeit geschafft haben, so heißt es, sei »die Entfaltung eines großen Klassenkampfes in Sachsen und darüber hinaus die Entfaltung eines Klassenkampfes in der Sowjetzone und weiter in Deutschland, ja die Entfaltung eines Klassenkampfes im Weltmaßstab«.

Und Hasso Grabner? Der führt den weltweiten Klassenkampf künftig in der »Sächsischen Landesregierung, Außenstelle Leipzig« weiter, wo er hilft, alle dezidiert politischen Sonderfragen beim Aufbau einer volkseigenen Industrie zu klären, was dazu führt, dass er erst Referent, dann Regierungsrat und schließlich Oberregierungsrat wird.

Im Juni 1948 folgt schließlich die nächste Stufe der Revolution. In der sowjetischen Besatzungszone werden die volkseigenen Betriebe der einzelnen Wirtschaftszweige zu ökonomischen Einheiten zusammengeschlossen. Zehn solcher Vereinigungen Volkseigener Betriebe soll es zukünftig geben – und Hasso Grabner bekommt von der Partei den Auftrag, für jede von ihnen einen passenden Hauptdirektor zu finden.

Neun findet er, nur Nummer zehn lässt sich nicht blicken. Weil aber nicht sein kann, was nicht sein darf, macht die Partei aus dem Suchenden kurzerhand einen Gefundenen – und am 23. Juni 1948 wird Hasso Grabner, der gelernte Buchhändler, der noch nie ein Stahlwerk von innen gesehen hat, zum »Hauptdirektor der Vereinigung zur Produktion und Verarbeitung von Roheisen, Stahl- und Walzwerkerzeugnissen« ernannt, was bedeutet, dass er ab sofort für die gesamte ostdeutsche Eisenhüttenindustrie verantwortlich ist.

Da sitzt er also in Leipzig und hat plötzlich zwei Dutzend Betriebe mit 38.000 Mitarbeitern unter sich, die zusammen Waren im Milliardenwert produzieren. Im Grunde ist es wie auf dem Rückzug aus Griechenland: Die Sache kann eigentlich nur schiefgehen. Und wenn nicht, gibt's Auszeichnungen, Orden und Ehren.

Am 16. November 1948 bekommt Hasso Grabner von der Deutschen Wirtschaftskommission als erster Mann außerhalb des Bergbaus den Titel »Aktivist« verliehen, wird anschließend »Verdienter Bürger« der Stadt Leipzig und schließlich für den Nationalpreis der DDR vorgeschlagen. Da er als Hauptdirektor aber als »Verwaltungsmensch« gilt, werden statt ihm sieben seiner Mitarbeiter geehrt, was allerdings nicht weiter schlimm ist, denn 1951 wird Grabner erneut vorgeschlagen. Die Ehrung ist intern schon beschlossene Sache, als das Zentralkomitee der SED Grabner ebenso plötzlich wie überstürzt bittet, von seiner Nominierung zurückzutreten, »weil ein Professor, der ein international hoch beachtetes Werk über altturkologische Sprachen verfasst hat, unbedingt einen Nationalpreis bekommen muss«.

Die Mitglieder des Zentralkomitees sind untröstlich und suchen für Hasso Grabner nach einem anderen Preis. Hasso Grabner selbst findet derweil ein Seil.

Das Seil ist ein Drahtseil und hängt, in seiner symbolischen Dimension vollkommen unerkannt, an einem Kran, der als Reparationsleistung in die Sowjetunion geschickt werden soll. Jetzt aber, im Juni des Jahres 1951, steht der Kran nicht in Moskau, sondern in Magdeburg und wird sich, so viel ist sicher, auch so bald nicht bewegen, denn es fehlen noch eine Reihe von Teilen, um ihn fertig zu bauen.

Zweihundert Kilometer südlich von Magdeburg, in Zwickau, steht unterdessen ein fertig gebauter Steinkohleschacht, doch ist eine der darin befindlichen Maschinen nicht einsatzbereit, da ihr – na klar – ein Drahtseil fehlt.

Da die Kohlekumpel aus Zwickau aus irgendeinem unerfindlichen Grund von dem nutzlos in Magdeburg herumhängenden Seil wissen, fragen sie, zwecks Möglichkeit der Ausleihe, im Amt für Reparationen an, wo, wie könnte es auch anders sein, inzwischen Hasso Grabner sitzt, der nach der Auflösung seiner Roheisen, Stahl- und Walz-Vereinigung dorthin gewechselt ist und sich nun als Hauptabteilungsleiter verdingt.

Grabner, von der Großen Kommunistischen Kirche vereidigt, gleichsam aber vom Heiligen Geist pragmatischer Unkonventionalität beseelt, findet den Wunsch der Zwickauer Kumpel absolut legitim und sieht auch sonst kein Problem. Der Kran ist schließlich noch nicht fertig gebaut, und außerdem: Wer Reparationen leisten will, muss auch in der Lage sein, die dafür notwendigen Produkte zu fördern. Also liefert er das Seil – und ist kurz darauf selbst geliefert. Hasso Grabner wird von der Partei der Schiebung verdächtigt.

Es ist eine der üblichen Ironien in Grabners Geschichte: Er, der sich dem Amt für Reparationen mit den Worten anempfohlen hatte, seine berufliche Aufgabe habe in der Vergangenheit unter anderem darin bestanden, die Befehle der sowjetischen Militäradministration umzusetzen und »die Schieber und Schwarzhändler zu greifen und zu bestrafen«, die den Aufbau der volkseigenen Industrie störten, wird nun selbst der Schieberei bezichtigt, von der SED zum Störer des Deutsch-Sowjetischen Reparationsfriedens erklärt und entlassen. Das Seil ist dabei allerdings nur ein Vorwand, ist lediglich das, woran man Grabners Sturz festmachen kann, schließlich war es, so die offizielle Verlautbarung, bereits vom deutschen Reparationskonto abgebucht und damit unwiderruflich den Sowjets vermacht – und jeder weiß: Geschenkt ist geschenkt, wieder holen ist gestohlen.

Da hängt er also, Hasso Grabner, kopfüber an einem Seil. Er sieht aus wie eine menschliche Abrissbirne. Dabei ist er es, der abgerissen wird. Stück für Stück entkleidet ihn die Kaderabteilung der Partei seiner Geschichte, und der Ort, an dem sie beginnt, ist der Knochenbau der Theorie.

Grabner, so heißt es in einer der zahllosen politischen Charakteristiken, die die Partei prophylaktisch, das heißt für ein mögliches *Nach*-Beugen oder – es sind schließlich Knochen – zum Brechen von Mitglied Nummer 185328 seit Jahren produzieren lässt und die jetzt aus den Tiefen seiner Kaderakte geholt werden, steht schon längst nicht mehr auf dem Boden des Marxismus-Leninismus. Stattdessen regiert bei ihm eine rein pragmatische Vernunft, die einzig und allein am Praktischen orientiert ist und, wenn überhaupt, zur theoretischen Untermauerung lediglich trotzkistisches Tamtam und bucharinistisches Bohei kennt, weshalb es nicht wundernimmt, dass Grabner die durch nichts und niemanden zu widerlegende Theorie von der Verelendung der Arbeiterklasse im Kapitalismus mit den Worten bestreitet, die Arbeiter in der BRD hätten »einen hohen Lebensstandard«. Aber damit noch nicht genug. Aus der führenden Rolle der Arbeiterklasse hat er in einem Vortrag einen Witz gemacht (»Der Arbeiter ist gegen die Stoppuhr, nicht gegen die Uhr, wie will er sonst wissen, wann Feierabend ist?«), zudem die Schriften von Marx und Engels nach eigenen Angaben lediglich im Urlaub und auch da »nicht ganz reibungslos«

gelesen und zu guter Letzt auch noch den wissenschaftlichen Sozialismus und die volkswirtschaftlichen Pläne der DDR verspottet und rückblickend auf den Halbjahresplan des Jahres '48 erklärt: »Wir hatten keinerlei Erfahrungen, keine Unterlagen, man hat da einfach ein paar Zeilen auf ein paar Blatt Papier geworfen, das war der Halbjahresplan 1948.«

Das gibt Ärger. Auch wenn die Geschichte nun mal so läuft. Eine Abfolge von Banalitäten, die sich jedes Mal zu einem Drama auswächst ... Churchill, der seine Vorstellungen von der künftigen Aufteilung des Balkans spontan auf einem halben Blatt Papier skizziert und von Stalin nicht minder spontan abhaken lässt. Die Wirtschaftsfunktionäre in der sowjetischen Besatzungszone, die sich selbst, vollkommen planlos, einen Wunschzettel schreiben und ihn vom Volk abarbeiten lassen, in der Hoffnung, der Wunsch möge wenigstens in seinen Augen das Aussehen eines Planes annehmen.

Und in der Tat, das Volk erkennt in den kurzerhand aufs Papier geworfenen Zahlen tatsächlich einen Plan. Und wenn einer kommt und ihm erklärt, das sei gar kein Plan, sondern ein pseudoempirischer Zahlensalat mit einem Dressing aus Tinte, dann glaubt es ihm nicht, selbst wenn derjenige zugibt, den Salat eigenhändig angerichtet zu haben. Aber dabei bleibt es nicht. Schon gar nicht bei dem Teil des Volkes, der die Parteischule besucht. Und erst recht nicht, wenn der Lehrer Hasso Grabner heißt. Als der nämlich im November 1950 in der SED-eigenen Kaderschmiede über »Die Aufgaben der Partei bei der Erfüllung und Überbietung des Volkswirtschaftsplanes« referiert und bei der Gelegenheit die abenteuerliche Entstehungsgeschichte des Halbjahresplanes von 1948 zum Besten gibt, erntet er zunächst ungläubige Blicke – und bekommt dann zu spüren, was es heißt, die eigenen praktischen Erfahrungen den millionenfach gedruckten Wunschzetteln der SED-Oberen entgegenzustellen.

Die in ihrem Glauben an den Plan und die Partei vermeintlich Erschütterten wollen von Grabners Version der Geschichte jedenfalls nichts wissen (»Er spricht unseren Volkswirtschaftsplänen die reale Grundlage ab!«), verweigern ihm die Gefolgschaft (»Ein Teil der Schüler hat spontan nicht mehr mitgeschrieben.«) und präsentieren ihm, nachdem sie den Abbruch seines Vortrages erzwungen haben, ihre »eigene« Version des Erstellens von Plänen. (»Walter Ulbricht, Artikel in der *Täglichen Rundschau*. Für uns bleibt das der Maßstab.«)

Die Folge: Die in ihrem Glauben so gar nicht Geschwächten erklären, ihr Glaube sei gar kein Glaube, sondern, genau wie der Plan, nichts als die Wahrheit, wissenschaftlich fundiert, von der Partei geprüft und von der Geschichte bestätigt, und kommen auf dieser Grundlage zu dem Schluss, dass Hasso Grabner ein Verbreiter von Irrlehren ist, der bei der Großen Kommunistischen Kirche angezeigt werden muss.

Damit das auch passiert, nehmen die Parteischüler die abgelegten Stifte wieder in die Hände, schreiben eine Anklageschrift, übertiteln sie mit »Bericht«, machen aus den Banalitäten der Planerstellung ein Drama und schicken es an die Zentrale Parteikontrollkommission, die, das wissen die Schüler genau, alles sammelt und ordnet – planvoll, prophylaktisch, pausenlos.

Kein Wunder, dass die Mitglieder des Gremiums aus dem Vollen schöpfen können, als sie sich 1951, *im Jahr des Seils*, immer tiefer in Hasso Grabners Akte reinwühlen. Und was sie finden, lässt ihn in ihren Augen nur noch tiefer sinken, denn Grabner hat, wie sich zeigt, die kaderpolitischen Prinzipien der Personalpolitik in der Vergangenheit mehrfach verletzt und in den von ihm geleiteten Betrieben wiederholt »menschlichen Bodensatz« eingestellt.

So hat Grabner (»Über seine Zeit in der faschistischen Wehrmacht sind wir informiert.«) nicht nur CDU-Mitglieder, Butterdiebe und ähnlich zweifelhafte Subjekte beschäftigt, sondern auch ehemaligen NSDAP-Männern und früheren Wehrmachtssoldaten Arbeit verschafft und darüber hinaus die nur schwer zu bekommenden Genehmigungen für Dienstreisen in die BRD wie Brotmarken verschenkt, was dazu führte, dass ein Teil seiner Leute nur den Hinweg antrat.

Mit anderen Worten: »In der Auswahl seiner Mitarbeiter lässt sich Genosse Grabner nicht von den Grundsätzen des Leninismus-Marxismus leiten, sondern wählt seine eigenen Mitarbeiter nach persönlichen Grundsätzen aus. Überdies unterhält er Verbindungen zu einer Reihe politisch sehr zwielichtiger Personen.« Und damit niemand glaubt, Grabners Verfehlungen seien rein personalpolitischer Natur: »Wir halten diese falschen Einstellungen in Zusammenhang mit seinem bisherigen Verhalten nicht nur für eine ideologische Unklarheit, sondern für eine ausgesprochene Tendenz zur Oppositionspolitik.« Wobei im Falle von Hasso Grabner noch »moralische Defizite« hinzukommen. »Wir können uns einige Dreckperlen herausgreifen.«

Von kommunistischer Enthaltsamkeit bei Grabner jedenfalls keine Spur. Aber er hockt auch nicht in irgendeiner zusammengeschusterten Bude in den griechischen Bergen, sondern hat ein Büro in Berlin, fährt von einem Betrieb in den nächsten und übernachtet in diversen Hotels, gleichob er in Leipzig eine Wohnung, eine Frau und mittlerweile zwei Kinder hat. (»Von seiner Stadtbezirksgruppe liegt eine Charakteristik vor die besagt, daß er sich um seine Wohnbezirksgruppe niemals bekümmert hat.«) Dafür laufend Weibergeschichten. Und Frauen, die mit Schleifen im Haar auf Arbeit erscheinen. Und Männer, die es ihnen gleichtun. Und das alles nur, weil Fasching ist und »der Genosse Grabner jeden Spaß mitmacht«. Dabei ist er zu seinen Leuten ansonsten recht streng und zu sich selbst noch viel mehr, arbeitet oft 18 Stunden am Tag, macht seinen Dienstwagen zum Bett und seine Brotbüchse zur Küche, baut zwei Dutzend Betriebe gleichzeitig auf und sorgt obendrein noch dafür, dass das für die Wirtschaft in der sowjetischen Besatzungszone extrem wichtige

Stahlwerk Maxhütte eine Wasserleitung bekommt, und zwar bergan, über sechs Kilometer, und in einem Drittel der Zeit, die dafür projektiert worden ist.

Aber dann und wann überkommt es ihn, dann dürfen die Damen während der Arbeit zum Friseur, die Männer in den Westen und der geordnete Lauf der Dinge seinen eigenen Weg gehen, wobei es generell den Eindruck hat, als halte der Genosse Grabner Dienstwege für nichts anderes als Reisebeschreibungen von Sesselfurzern.

In der Kaderabteilung der Partei sind sie jedenfalls von einem solchen Verhalten alles andere als begeistert und kommen zu dem Schluss: »Es wäre ratsam festzustellen, ob Genosse G. bereits überprüft worden ist und wie der Beschluß der Überprüfungskommission lautet.«

Es ist das Jahr 1951, und die Überprüfung läuft. Hasso Grabner ist jetzt vierzig Jahre alt. Er sollte eigentlich auf dem Höhepunkt seines Schaffens sein. »Akme«, nennen das die griechischen Historiografen, derweil die römischen »floret« sagen, »er blüht«. Aber die, die in der Gegenwart des Jahres 1951 an Hasso Grabners Geschichte schreiben, sind weder Griechen noch Römer, sondern Mitglieder der Zentralen Parteikontrollkommission der Sozialistischen Einheitspartei Deutschlands – und das Einzige, was Hasso Grabner jetzt blüht, ist eine Parteistrafe.

Bevor das Urteil fällt, darf Hasso Grabner noch einen letzten Wunsch äußern. Was er – bescheiden wie immer – dann auch gleich tut:

»Ich möchte Euch bitten, den Entschluß schnell zu fassen. Was ich arbeite, ist mir gleich. Ich möchte nicht, daß ich einen Betrieb von 50–60 Mann leite, nur damit meine Existenz gesichert ist. Dann will ich lieber als Hilfsarbeiter gehen. Es kommt mir nicht auf irgendwelche Vorteile an, sondern es kommt darauf an, daß ich wirken und arbeiten und meine Kräfte entfalten kann, dann bin ich ein besserer oder auch glücklicherer Mensch. Ich werde wahrscheinlich noch Filmmanuskripte oder auch einen Roman schreiben.«

Antwort der Parteikontrollkommission: »Das zeigt, daß diese Aussprache spurlos an Dir vorbeigegangen ist.«

So denn, die Würfel sind gefallen, jetzt wird zusammengerechnet. Die Punkte aus der Vergangenheit werden dazuaddiert und bilden eine Linie, die eindeutig vom rechten Weg wegweist.

Das Urteil:
»Gen. Grabner erhält eine strenge Rüge mit Funktionsentzug und geht für zwei Jahre in den Produktionsprozeß.

Zentrale Partei-Kontrollkommission
gez. Matern«

Der Abstieg des Hasso Grabner, so möchte man meinen, ist damit besiegelt. Er wird in einen Gießereibetrieb in die Provinz gesteckt und soll dort als einfacher Arbeiter weitermachen. Allein, die Leute in dem kleinen Betrieb merken sofort, dass der gelernte Buchhändler Grabner kein guter Eisengießer, dafür aber ein umso besserer Organisator ist. Also wird er zum Werkleiter gemacht. Und bringt den Betrieb binnen zehn Monaten auf 246 % seiner bisherigen Leistung.

Die örtlichen Parteifunktionäre sind ob der zweieinhalbfachen Planerfüllung freudig erregt und melden die Höchstleistung direkt nach Berlin, wo man zunächst an ein Wunder, dann an eine Entdeckung und schließlich an gar nichts mehr glaubt. Als die SED-Oberen jedenfalls erfahren, wer für die Leistungssteigerung verantwortlich ist, schlägt die Freude schnell um – und Hasso Grabner bekommt die nächste Parteistrafe aufgebrummt. Weil er nicht, wie vorgesehen, in die Produktion gegangen ist, wird er zum Gießerei*hilfs*arbeiter und – weil's immer noch ein Stück tiefer geht – kurz darauf zum Hilfsschlosser degradiert und in ein Leichtmetallwerk gesteckt, dessen Werkleiter sich seinen Job garantiert nicht wegnehmen lässt.

Tut er auch nicht. Aber es gibt noch andere, die sich auch nichts wegnehmen lassen. Stahlbarone zum Beispiel. Anno 1953 ist jedenfalls eine Reihe von Stahlbaubetrieben in der DDR noch immer nicht verstaatlicht. Um das zu ändern, das heißt aus den Betrieben Volkseigentum zu machen, braucht die SED allerdings jemanden, der sich mit Expropriationen auskennt. Nur wen?

Die Parteileitung in Berlin überlegt. Und sucht in der ganzen Republik nach einem passenden Mann. Und findet keinen. Und ist irgendwann mit ihrem Latein am Ende. Und das ist der Moment, in dem sie Hasso Grabner fragt, ob der nicht …

Er will. Und bekommt als frisch entlassener Hilfsschlosser im April 1953 von der Partei den Auftrag, ein halbes Dutzend Stahlbaubetriebe zu kaufen »oder sonstwie in unsere Hände zu bringen«.

Hasso Grabner legt sofort los.
Die Partei legt sämtliche Strafen auf Eis.
Die Sowjetmacht legt Einspruch ein.

Nicht gegen Hasso Grabner, seine Strafe oder deren Erlass, sondern gegen die Partei. Die SED, so heißt es im Kreml im Mai '53, habe es mit der Sozialisterei übertrieben. Ein neuer Kurs muss deshalb her. Und zwar schnell. Also werden die SED-Oberen Anfang Juni nach Moskau zitiert, bekommen dort Pelmeni, Anweisungen und ein Papier mit »Maßnahmen zur Gesundung der politischen Lage in der DDR« serviert, fahren – ohne die Pelmeni, dafür aber mit Bauchschmerzen – zurück nach Hause, wissen, dort angekommen, nicht so recht, wohin mit sich, und verabschieden am 9. Juni unter strikter Beibehaltung der Ende Mai beschlossenen Normerhöhungen erst mal einen, ähem, »Neuen Kurs«.

Und Hasso Grabner? Der ist mal wieder zur falschen Zeit am falschen Ort. Vielleicht ist aber auch der Ort richtig und nur die Zeit falsch. Oder die Zeit stimmt und nur der Ort passt nicht. Egal, es funktioniert einfach nicht. Der einstige Roheisenkönig, der zwischendurch Hilfsarbeiter war, darf die Stahlbarone laut Direktive aus Moskau jedenfalls nicht länger enteignen, und das Einzige, was Hasso Grabner nach dem abermaligen Abbiegen der Geschichte tun kann, ist, einen neuen Lebenslauf zu verfassen und ein wenig wehmütig zu erklären: »Ich hatte erst zwei Betriebe volkseigen gemacht.«

Die Partei erklärt derweil in ihrem Zentralorgan: »Wir haben Fehler gemacht.«

Da die Normerhöhungen fürs Erste nicht dazugehören, legen am 16. Juni 1953 ein paar Dutzend Bauarbeiter in Berlin ihre Arbeit nieder, schnappen sich die eigentlich zum Bau der Stalinallee vorgesehenen Steine, befinden, dass man sie auch anders einsetzen kann, marschieren damit durch die Stadt und werfen sie gegen diverse Partei- und Regierungsgebäude.

Am nächsten Tag folgen in der ganzen Republik Hunderttausende ihrem Beispiel. Da nicht alle Steine haben, viele aber alte Bettlaken besitzen, nehmen sie diese, schreiben Losungen darauf, marschieren damit durch die Städte, protestieren lauthals gegen die SED-Führung und präsentieren der in einen Berliner Bunker geflüchteten Regierung ihre eigenen Maßnahmen zur Gesundung der politischen Lage in der DDR.

Als die Betonköpfe im Bunker davon hören, bekommen sie nicht nur Bauch-, sondern auch Kopfschmerzen und erinnern sich an ihren Besuch in Moskau und daran, dass die Sowjets noch ein paar Panzer und Soldaten im Land stehen haben. Höchste Zeit mal zu schauen, ob die nach all den Jahren noch funktionieren …

Der Rest ist Geschichte. Volkseigener Aufstand, Befriedung nach Moskauer Art. Danach dauerhafte Gedenktage, historiografische Uminterpretationen, alles sauber aufgeteilt je nach Lage der Nation. Offizielles Erinnern. Inoffizielles Vergessen. Wer kann, hält sich raus. Wer nicht kann, stirbt weg.

Hasso Grabner kehrt derweil aus Berlin nach Leipzig zurück, erfährt, dass der dortige SED-Funktionär Paul Fröhlich bereits drei Stunden *vor* Ausrufung des Ausnahmezustandes in der Stadt Schießbefehl gegeben hat, sieht, wie sie einen Neunzehnjährigen aufgebahrt durch die Straßen tragen, hat das Gefühl, dass das ständige Neuschreiben von Lebensläufen sinnlos ist, da sich die Geschichte ohnehin wiederholt, und wird, weil das in seinem Fall offenbar so üblich, tatsächlich aber kein anderer zur Hand ist, von der Partei zum Werkleiter eines Montanbetriebes mit 800 Beschäftigten ernannt. Mit anderen Worten: Der einstige Roheisenkönig ist jetzt Braunkohleprinz geworden.

Zumindest in den Augen seiner Beschäftigten. Hasso Grabner sieht die Sache freilich ein wenig anders und teilt das nicht nur der Partei, sondern auch einem seiner späteren Lebensläufe mit: »Ich fühlte mich nicht ausgelastet und sagte das deutlich. Im Frühjahr 1954 beschloß das Politbüro, einen Generalauftragnehmer und Investverantwortlichen für alle Braunkohlenwerke der DDR einzusetzen und übertrug mir diese Aufgabe bei Beibehaltung meiner Werkleiterfunktion.«

Zuvor aber passiert noch etwas Unerwartetes, denn am 12. November 1953 taucht plötzlich Hasso Grabners Vater auf. Er entsteigt Punkt acht eines mit »vertraulich!« markierten Personalbogens. Es ist eben jenes Papier, das der Braunkohleprinz Hasso Grabner bei seiner Bewerbung um das Amt des Kohlekönigs ausfüllen muss. Ein Geburtsdatum hat der Vater zwar nicht, aber immerhin ist jetzt sein Name bekannt. Er lautet Moritz Obermann, und unter »letzte Tätigkeit« notiert Hasso Grabner: »verstorben«.

Da ist er also aus dem Kreis der Lebenden ausgetreten (»Autounfall«), derweil sich die Geschichte für seinen Sohn erneut wiederholt. Denn wie schon sechs Jahre zuvor im Stahl- und Eisenreich regiert Hasso Grabner auch im Braunkohleland wieder über Zehntausende Leute, die die Erde aufbrechen und Milliarden rausholen. Oder, wie

Grabner fast schon ein wenig ehrfürchtig schreibt: »Von einem Tag auf den anderen war ich Leiter von 52 Großbaustellen.«

Beste Voraussetzungen also, um auf der ganzen Linie zu scheitern – oder Preise zu kriegen. Und siehe da: »Ich wurde 1954 und '55 zur Auszeichnung ›Held der Arbeit‹ vorgeschlagen.«

Weil Hasso Grabner aber nicht gerade an mangelndem Selbstbewusstsein leidet (»Wenn nach Riesen gerufen wird, melden sich keine Zwerge.«) und die SED-Oberen offiziell keine Könige mögen, zumindest keine akzeptieren, die neben ihnen das Land regieren, ist die Sache mit dem Preis für den Braunkohlekönig schon bald Asche.

»Daran waren meine vom ersten Tag an gespannten Beziehungen zu Genosse Paul Fröhlich schuld. Ich war eingebildet genug, zu glauben, mir das leisten zu können, dem Genossen Fröhlich fehlte es an Großmut, darüber zu lächeln.«

Und jetzt? Aufstand? Niederschlagung? Hinrichtung des Königs? Immerhin hat der Genosse Paul Fröhlich vor nicht allzu langer Zeit schon mal einen Schießbefehl gegeben. Außerdem ist er Mitglied im Gnadenausschuss des ZK der SED, und einzig die Partei weiß, wie weit der Weg vom Gnadenausschuss zum Gnadenschuss ist. Kurzum: Es spricht einiges dafür, dass, verglichen mit dem Zuchthaus in Waldheim, die Namen in der Leipziger Parteizentrale von einem ganz anderen Programm sind …

Hundertfünfzig Kilometer östlich von Leipzig, in einem Ort namens Schwarze Pumpe, wird derweil nicht geschossen, sondern gebaut. Und zwar richtig. Schließlich findet sich hier, am Rande des Lausitzer Kohlereviers, »die größte Baustelle der Republik«, »das wichtigste Unternehmen bei der Verwirklichung des entscheidenden Zieles des zweiten Fünfjahresplanes«, »das Großkombinat, das das Energieproblem der DDR lösen wird«, »der Schlüsselbetrieb fürs ganze Land«. Nur leider ist er noch nicht schlüsselfertig, um nicht zu sagen noch gar nicht vorhanden.

Doch das ändert sich, denn am 31. August 1955 vollführt Fritz Selbmann, als ehemaliger Bergmann mit Aufschlüssen vertraut und ob seiner Statur als Minister für Schwerindustrie von höchst repräsentativer Gestalt, den ersten Spatenstich – mit einer Planierraupe.

Was folgt, ist das übliche Zeremoniell. Eine Frau in traditioneller Kleidung bringt Brot und Salz, der Minister greift zu, die Leute jubeln, Journalisten dokumentieren die Situation, die Ehrengäste plündern das Buffet, die Arbeiter räumen den Dreck weg.

Als alles vorbei ist, kommt ein Schriftsteller und stellt Fragen.

»Wer wird diese sagenhafte ›Schwarze Pumpe‹ aufbauen? Wer wird aus diesen langhingestreckten Kiefernwäldern wimmelnde Tagebaue, wer wird aus dieser Heide ragende Schlote, dröhnende Turbinen und Generatoren zaubern, wer wird aus den Röhren der ›Schwarzen Pumpe‹, kostbarer als das frischeste Wasser, jährlich 60.000 Tonnen Benzin fließen lassen?«

Da, wie üblich, keiner mit dem Schriftsteller reden will und rein phantastische Antworten im abzuliefernden Schriftgut trotz ebensolcher Aussichten im Fünfjahresplan verboten sind, wendet er sich hilfesuchend an die Partei, die für die Betreuung derartiger Sonderfälle immer ein paar junge, frische Mitarbeiter parat hat, die – es ist schließlich ein Kohlekraftwerk – im Notfall auch verheizt werden können.

Da wegen der rund um den Schriftsteller scharwenzelnden Parteispunde jedoch erst recht niemand mit ihm reden will, wird die Sache bald brenzlig. Da das Kraftwerk aber noch nicht betriebsbereit ist, wird zumindest niemand verheizt, und mithilfe eines Gewerkschaftsfunktionärs gelingt es dem Schriftsteller, der sich allen nur als »Herr Bronnen« vorgestellt hat, schließlich doch noch, einen Kontakt herzustellen, und bald schon tritt er »in das Allerheiligste des Alleröbersten, des Aufbauleiters der ›Schwarzen Pumpe‹ ein.« Der, wie könnte es anders sein, natürlich Hasso Grabner ist.

Dass der Kerl, der da plötzlich im Türrahmen steht, ein harmloser Schriftsteller ist, kann Grabner freilich nicht ahnen. Jedenfalls fällt er, weil er komische Fragen stellt, schon bald negativ auf, und zwar so sehr, dass Grabner sich fragt, wer den Kerl eigentlich in sein Büro geschickt hat? Mit der Frage konfrontiert, nennt der Schriftsteller eine Reihe von Namen, Titeln und Organisationen, doch interessiert das Grabner alles nicht im Geringsten. Er greift zum Telefon und gibt dem Werkschutz Anweisungen, den komischen Kauz in seinem Büro verhaften zu lassen.

Dass es nicht so weit kommt, liegt an Karl Heinrich Stein, dem kleinen, schmächtigen Juden aus Buchenwald, der eigentlich Steinitz hieß, Schriftsteller war und sein eigenes Werk in Hasso Grabners Lagerbibliothek fand. Zwar ist Steinitz seit über zehn Jahren tot, doch erinnert sich Grabner noch immer an ihn, und als er erfährt, dass der Mann, der da vor ihm steht, Schriftsteller ist und genau wie Steinitz aus Wien stammt, ist er plötzlich wie verwandelt und beginnt, Geschichten aus dem KZ zu erzählen.

Da der Schriftsteller Bronnen deswegen nicht hier ist, berichtet ihm Hasso Grabner schließlich auch noch ein bisschen von der Aufbauarbeit vor Ort. Jetzt aber, sechzig Jahre später, vermischen sich Grabners Worte über Buchenwald mit denen, die Arnolt Bronnen über die »Schwarze Pumpe« notiert hat: »Grabner deutet aus dem Fenster seiner Baracke hinaus in die dämmerungsschwarzen Wälder: ›Dort wird die Brikettierungsanlage entstehen, dort der Hydrierungskomplex, dort das Kraftwerk, hier werden die Verwaltungsgebäude errichtet …‹ Ich sehe nur Wald; er sieht mehr.«

Als Bronnen weg ist, bin ich mit Grabner allein. Er steht mit dem Rücken zu mir und wühlt in einem Haufen Papier – und ich ertappe mich dabei, dass ich mich erst jetzt frage, wie Grabner eigentlich hierhergekommen ist. Wahrscheinlich, so vermute ich, hat Selbmann etwas damit zu tun. Wahrscheinlich hat ihm der alte Knastbruder den Job hier verschafft. Und siehe da, nach einer Weile finde ich auch ein altes Foto. Es stammt vom 31. August 1955, dem Spatenstichtag, dem Tag, an dem Selbmann die Planierraupe nahm.

Das Foto zeigt Grabner mit einer Aktenmappe und Papier unterm Arm. Er steht direkt neben Selbmann, der gerade von einer Frau in sorbischer Tracht das traditionelle Brot gereicht bekommt und es zu brechen versucht. Jedoch, was Selbmann da tut, sieht alles andere als gut aus. Er wirkt ungelenk, übervorsichtig, fast ängstlich, als habe er Angst zuzugreifen, als drücke ihm die Frau statt des Brotes ein Baby in die Hand und er, der schwere Junge, der Minister für Schwerindustrie, habe Angst, es zu zerbrechen. Also greift er so vorsichtig zu, wie's nur geht. Und zieht dabei die Schultern hoch – und wirkt damit vollends schwerministerial, noch hölzerner, noch massiger, noch kolossaler als sonst. Selbst die Planierraupe neben ihm scheint für ihn zu klein, und ich frage mich, warum sie ihm nicht einfach ein Stück Land gegeben haben, damit er es mit seinen riesigen Pranken aufbrechen und bei der Gelegenheit auch gleich noch die Kohle mit rausholen kann. Er hätte das Brot hinterher immer noch essen können.

Und Grabner? Der steht da und schaut seinem unbeholfenen Ministerfreund zu. Und lacht. Und ahnt noch nicht, dass, wenn Selbmann weg ist, er allein sein wird.

Aber genau das ist er, denn obwohl die Einrichtung der Riesenbaustelle im Sommer 1955 beginnt, das heißt der künftige Mythos seinen Unterbau erhält, fehlt es in der »Schwarzen Pumpe« an allem und jedem, mangelt es an Leitungskräften für die Unternehmung ebenso wie an Unterkünften für die Arbeiter, werden Projektpläne zum Teil erst *nach* ihrer baulichen Umsetzung gezeichnet oder kommen überhaupt nicht auf der Baustelle an, was freilich nicht weiter schlimm ist, da es dort ohnehin an Material fehlt. Oder an Maschinen. Oder an beidem. Jedenfalls dominiert in der »Schwarzen Pumpe« schon bald die reine Herrschaft der Wünsche, kann sich der Einzelne nur durch Imagination gegen das noch immer unerschlossene Objekt aufrechterhalten, droht Morgen für Morgen die Ohnmacht gegenüber dem Geträumten, die völlige Ausschaltung des Subjekts, das Ende des Mythos – die Banalitäten eines weiteren Tages.

Zumindest für diejenigen, die nicht zu handeln vermögen. Grabner dagegen kann. Weil in einem seiner alten Betriebe noch irgendwo 600 Teppiche einer unverkäuflichen Nullserie rumliegen, die seiner Ansicht nach im westlichen Teil des Landes durchaus als erstklassige Ware verkauft werden können, und ein paar andere in derselben Region für ein paar Tonnen gesiebten Kieses jede Menge anderen Kies rüberwachsen lassen, geht er die Sache wie immer auf direktem Weg an, lässt die Knüpf- und Kieswaren kurzerhand (und mit Genehmigung der zuständigen Stellen) exportieren und hat zwei Wochen später genug Geld auf dem Konto, um die für den Bau der »Schwarzen Pumpe« dringend benötigten Maschinen zu kaufen. Da es der für die Bestellung zuständige volkseigene Innen- und Außenhandelsbetrieb aber vergisst, die entsprechende Order in die Sowjetunion abzuschicken, ist Grabner trotz Reichtums zur Untätigkeit verdammt. Zumindest für ein paar Tage. Dann nämlich bestellt er die benötigten Gerätschaften einfach im westlichen Teil des Landes, was dazu führt, dass wenig später genau jene schweren Baumaschinen vor seiner Tür abgeladen werden, die eigentlich auf der amerikanischen Vorbehaltsliste stehen.

Was dagegen die dringend benötigten Leitungskräfte betrifft, so kann Hasso Grabner da nicht viel machen, weil die Stellen auf dieser Ebene nur mit SED-Leuten besetzt werden, weshalb er sich schon bald bei den zuständigen Parteigremien beschwert und ihnen mitteilt, dass es auf der Baustelle nicht nur nicht genügend Arbeiter, Material und Projektpläne, sondern auch keinen Technischen Leiter, keinen Hauptbuchhalter und noch nicht mal einen Arbeitsdirektor gibt. Die Partei verspricht daraufhin, Führungspersonal zu schicken, doch kommt in der »Schwarzen Pumpe« während Grabners gesamter Amtszeit nie einer an. Und auch die Regierung scheint jetzt, wo der Beschluss zum Aufbau des Werkes gefasst ist, an seiner Verwirklichung seltsam desinteressiert. Der Instrukteur des Zentralkomitees jedenfalls quittiert Grabners Vorschläge und Darstellungen allesamt mit einem Achselzucken, derweil sich der zuständige Staatssekretär nicht ein einziges Mal auf der Baustelle blicken lässt und seine Zeit lieber damit verbringt, in Berlin im Büro zu sitzen und Grabners Personalvorschläge abzulehnen, und zwar allesamt.

Die Baustelle wächst unterdessen munter weiter, und bald schon werkeln 12.000 Leute an der »Schwarzen Pumpe« herum, derweil die Werksküche nur 1000 Portionen pro Tag schafft und die Unversorgten abends nicht mal mit knurrenden Mägen ins Bett gehen können, denn ein solches ist nicht für jeden vorhanden. Was also tun? Die Leute in drei Schichten arbeiten lassen und das gute alte Schlafgängerprinzip wieder einführen? Ein Zimmer, vier Betten, zwölf Leute und für jeden acht Stunden Zeit?

Hasso Grabner denkt gar nicht dran. Wer im 20. Jahrhundert für das 21. baut, kann sich nicht im 19. ausruhen. Er muss etwas tun. Und zwar hier und jetzt. Also verfasst Hasso Grabner im Januar 1956 ein Programm zum beschleunigten Aufbau der Arbeiterunterkünfte, schickt es an die Parteileitung und hofft, dass die Partei auf papierne Planspiele mehr reagiert als auf tatsächliche Not.

Tut sie aber nicht. Die Partei ist schließlich die Partei, und die reagiert in der Not nur auf Steine, nicht auf Papier. Außerdem ist Winter, und in der »Schwarzen Pumpe« sind alle Aktivitäten zum Stillstand gekommen. Und zwar nicht nur programmatisch, sondern tatsächlich.

Anfang Februar '56 sind die Temperaturen eingebrochen, ganz plötzlich, wie Schlittschuhläufer, die sich zu früh aufs Eis gewagt haben, sind eingebrochen und auf den Grund des Thermometers gesackt, wo sie wochenlang liegen bleiben, in steifer Reglosigkeit, derweil oben der Ostwind pfeift, schneidend und kalt. Russischer Winter. Sibirischer Schock. Nichts geht mehr im Land. Sogar die »Schwarze Pumpe« liegt still. Es ist der kälteste Monat seit Menschengedenken.

Als Anfang März das Schlimmste überstanden ist, erwischt es auch Hasso Grabner. Eine extrem schmerzhafte Trigeminusneuralgie zwingt ihn zum Arzt. Der Arzt zwingt Hasso Grabner ins Bett. Hasso Grabner zwingt sich an die nächstbeste Strippe und versucht, »den Aufbau telefonisch zu steuern«.

In der »Schwarzen Pumpe« funktioniert derweil schon bald gar nichts mehr. Weil der Betrieb für die DDR aber zu wichtig und die Zahl der auf der Baustelle lagernden Steine zu groß ist, entschließt sich das Politbüro des Zentralkomitees der SED am 4. April eine Sitzung zum Thema abzuhalten. Auch Grabner wird eingeladen, doch hält er die vorliegende Beschlussvorlage für wenig hilfreich und bringt eine Vielzahl von Änderungsvorschlägen ein, was dazu führt, dass er plötzlich selbst zum Änderungsvorschlag wird. Die Cottbuser Parteileitung, in deren Zuständigkeitsbereich die »Schwarze Pumpe« fällt, verlangt jedenfalls noch in der Sitzung Grabners Abberufung. Doch Walter Ulbricht persönlich interveniert und will von einer Entmachtung des Aufbauleiters nichts wissen. Damit endet die Sitzung, und es wird, da die Beschlussvorlage nicht beschlossen, die Probleme der »Schwarzen Pumpe« nicht geklärt und das Chaos im Grunde nur noch größer geworden ist, eine – wie sollte es auch anders sein – Kommission gebildet.

Diese bekommt den Auftrag, eine neue Vorlage zu erarbeiten, doch ändert sich die Zusammensetzung der Gruppe schon bald auf höchst seltsame Weise, und während Grabners Fürsprecher Selbmann unvermittelt und ohne jede Erklärung aus der Kommission ausscheidet, das heißt *von ihr ausgeschieden wird*, wird Grabner erneut zum Untersuchungsobjekt, wobei das Ziel vollkommen klar ist und auch in aller Deutlichkeit formuliert wird: Grabner, so erklärt die Gruppe in größtmöglicher Einhelligkeit, soll die Aufbauleitung abgeben. Und zwar sofort.

Als eine Woche später im Politbüro erneut über die »Schwarze Pumpe« verhandelt wird, ist es mit Hasso Grabners Karriere vorbei. Statt über die Probleme auf der Baustelle zu reden, haben einige Mitglieder der Kommission die Zeit vor Ort genutzt, um sich Informationen über Grabner zu beschaffen, sie mit denen aus seiner Kaderakte zu verbinden und die gesammelten Werke Ulbricht mit dem Hinweis vorzulegen, dass Grabner »ideologisch unhaltbar« sei. Da Ulbricht von Natur aus keine Lust auf Diskussionen hat, die Sache mit Blick auf den Rest an politischer Kultur, welcher im Politbüro aus formalen Gründen noch vorhanden ist, aber auch nicht einfach so übergehen kann, legt er fest, die Entscheidung über Grabners Zukunft sei »unten zu klären«, wo sie schließlich auch fällt – und Grabner mit ihr.

Die Begründung für Grabners Rausschmiss ist im Grunde die gleiche, die er fünf Jahre zuvor schon mal gekriegt hat: Kaderpolitik nach persönlichen statt leninistisch-marxistischen Grundsätzen, von der Parteilinie abweichendes Verhalten, ideologische Unklarheiten, moralische Schwäche. Neu sind dagegen ein paar Hundert italienische Gastarbeiter. Dabei war Grabners Wunsch nach ihnen vollkommen im sozialistischen Sinne gedacht, schließlich hatte er Ende 1955 in der Zeitung gelesen, dass die westdeutschen Kapitalisten in Italien um Arbeitskräfte werben, was nach Ansicht von Grabner ideologisch betrachtet keine schöne Sache, praktisch gesehen aber ziemlich praktisch ist, und dies umso mehr, als dass er selbst nicht nach Italien reisen kann, dafür aber dringend Arbeitskräfte braucht. Warum also, so fragt er sich, nicht selbst eine kleine Werbekampagne starten und die frisch in der BRD ankommenden Italiener gleich weiterlotsen, direkt in die »Pompa Negra«, schließlich würden sie in der BRD nur den imperialen Monopolkapitalisten dienen, derweil sie in der DDR beim Aufbau des Sozialismus helfen und praktische Erfahrungen in einem Land sammeln könnten, in dem die Arbeiter selbst die Macht haben.

Das Ergebnis von Grabners Plan: Die Kaderköpfe in der Partei halten ihn fortan nicht nur für einen Sektierer, sondern auch für einen »Abenteurer und Phantasten«, schmeißen ihn raus und erklären:

»Genosse Hasso Grabner wurde auf Vorschlag der Kombinatsparteileitung von seiner Funktion als Aufbauleiter abberufen, weil er nicht die Garantie bot für das Gelingen des Aufbaues des Kombinates ›Schwarze Pumpe‹.

Pumpe, den 7. April 1956
gez. Bumbel«

Bumbel aus Pumpe hat also gerichtet, und während ich mir noch einen Reim auf den Namen zu machen versuche, wird mir mit einem Mal klar, warum Bronnen gleich zu Beginn seines Berichts über die »Schwarze Pumpe« geschrieben hat, Grabner habe die Aufgabe »nur vorübergehend« übernommen. Als Bronnen seine *Entdeckungsfahrt durch die Deutsche Demokratische Republik* Ende 1956 publiziert, ist Grabner nämlich bereits entlassen, Bronnens Text über ihn aber schon fertig geschrieben. Rausnehmen kann Bronnen Grabner nicht mehr, denn das würde bedeuten, auch die »Schwarze Pumpe« zu eliminieren und dem im Aufbau befindlichen Mythos seine Geschichte zu rauben, die, das wissen die parteieigenen Mythenmetze genau, die Bedingung der Möglichkeit seiner eigenen auf Dauer gestellten Präsenz ist. Also muss Bronnen dem, was er während seines Besuches nicht kommen sah, nachträglich eine Vorsehung einschreiben, die die Sache nie hatte. Sie hört auf den für einen Mythos völlig untypischen Namen »vorübergehend«.

Und so kommt es, dass Hasso Grabner nicht nur entlassen wird, sondern am 1. Mai, dem Kampftag der Werktätigen, auch arbeitslos ist. Weil es offiziell aber keine Arbeitslosen in der DDR gibt (und Walter Ulbricht wegen der Abwärts-Delegierung des Aufbauleiters ein ungeahnt schlechtes Gewissen hat), greift der Zentralsekretär des Politbüros der SED zum zweiten Mal binnen weniger Wochen persönlich in die Causa Grabner ein und weist seine Minister an, »den Mann seinen Fähigkeiten entsprechend einzusetzen«.

Dass diese nicht im theoretischen Orakeln, sondern im praktischen Organisieren liegen, ist allen Beteiligten klar, weshalb Grabner im Oktober 1956 vom Chemieminister der DDR zum stellvertretenden Direktor eines großen, volkseigenen Konstruktions- und Ingenieursbüros ernannt wird. Dort aber steht er aufgrund seiner aktenkundig gemachten Geschichte unter besonderer Beobachtung. Was folgt, ist das Übliche.

»Obwohl Genosse Grabner ein sehr intelligenter Mensch mit guter Redegabe ist, mußte von Seiten der Parteiorganisation festgestellt werden, daß bei ihm große ideologische Unklarheiten bestehen.«

Und damit es auch allen klar wird:

»Er wollte die Genossen der Parteileitung von dem angeblich hohen Lebensstandard der Arbeiterklasse in Westdeutschland überzeugen und kam zu der Schlußfolgerung, daß aus diesem Grunde von einem Klassenkampf oder einer revolutionären Bewegung in Westdeutschland nicht mehr gesprochen werden kann und daß das von Marx entdeckte Gesetz von der absoluten Verelendung der Arbeiterklasse im Kapitalismus keine Gültigkeit mehr hätte.«

Hasso Grabner steht damit nicht länger unter besonderer Beobachtung, Hasso Grabner fliegt raus. Und der Staatssekretär, der ihn schon länger auf dem Kieker hatte und ihm jetzt auch das Entlassungsschreiben schickt, heißt – natürlich – Adler.

Die entsprechende Parteistrafe folgt auf dem Fuß. Und auch hier gibt's das Übliche: Rüge, Funktionsentzug, für zwei Jahre ab in die Produktion.

Weil diverse Parteifunktionäre aber dagegen protestieren, findet Hasso Grabners Hilfsarbeiterkarriere keine Fortsetzung. Weil einer von ihnen mit Grabner in Waldheim gesessen hat, inzwischen Leiter der Abteilung Agitation beim Zentralkomitee der SED ist und händeringend nach einem Verantwortlichen für die Ausstellung »40 Jahre Oktoberrevolution« sucht, ernennt er Hasso Grabner, ohne dass dieser darum gebeten hätte oder sich dagegen wehren kann, zum Chefredakteur derselben. Weil die Ausstellung in Leipzig stattfindet und dort noch immer Grabners Intimfeind Paul Fröhlich regiert, hat er im Handumdrehen den nächsten Ärger am Hals – und in seiner Akte ein halbes Jahr später zum vierten Mal das Übliche stehen: Rüge, Funktionsentzug, für zwei Jahre ab in die Produktion.

Und doch ist diesmal etwas anders, denn Hasso Grabner protestiert. Er sieht gar nicht ein, dass er schon wieder zum Hilfsarbeiter degradiert werden soll, schon gar nicht, wenn das Urteil der Zentralen Parteikontrollkommission von demselben Mann unterzeichnet ist, der ihn 1951 im Auftrag der Partei als Gießereigehilfe in die Provinz geschickt und 1953 – im Auftrag derselben Partei – zum Stahlbaron gemacht hat. Hasso Grabner jedenfalls hat keine Lust mehr auf den ganzen Firlefanz – und erklärt sich kurzerhand zum freischaffenden Schriftsteller.

Ich wollte nicht Schriftsteller werden,
es blieb mir aber nichts anderes übrig.

Hasso Grabner: Aktennotiz anlässlich einer Aussprache
mit der Bezirksparteikontrollkommission Leipzig
am 4. April 1966

Ausschreiben

Da greift er also zur Feder, doch geschrieben hat Hasso Grabner im Grunde schon immer. Agitprop-Texte, Gedichte, Lieder, politische Pamphlete, Zeitungsartikel über die neuesten Produktionsmethoden … Allein im Zentralorgan der SED, dem *Neuen Deutschland*, finden sich Dutzende Beiträge von Grabner. Die meisten tragen Titel wie »Im Kampf um die Verbesserung der Stahlqualität«, darunter: »Keine objektiven Schwierigkeiten«.

Dass es freilich subjektive Schwierigkeiten gibt, hat Hasso Grabner inzwischen zur Genüge zu spüren bekommen. Im Kampf um die Verbesserung der ideologischen Standfestigkeit hat ihn die Partei schon mehrfach zum Wackelkandidaten erklärt. Aber Hasso Grabner wäre nicht Hasso Grabner, wenn er jetzt, wo er Schriftsteller ist, mit dem Polarisieren aufhören würde, ja auch nur aufhören könnte …

Als er im Herbst 1958 – nach der Publikation seiner Erzählung *Der Streit um die Partisanen* – in den Schriftstellerverband aufgenommen wird, attestiert man ihm dort eine »starke literarische Begabung«, doch ist das nur die eine Seite der papiernen Medaille, denn: »Insgesamt gibt Genosse Hasso Grabner das widerspruchsvolle Bild eines begabten Egoisten.«

Ein begabter Egoist, das *muss* für die sozialistischen Schriftsteller-Funktionäre ein Widerspruch sein, zumindest in politischer Hinsicht, denn in künstlerischer schätzen sie die Kunst- und Reinheitsvorstellungen der bürgerlichen Ästhetizisten durchaus. Allerdings hat Hasso Grabner in genau diesem Punkt mal wieder Dreck am Stecken und schießt andauernd quer, soll heißen: »Charakteristisch für ihn ist sein Verhältnis zu seiner eigenen literarischen Arbeit, die er im Kreis der Genossen fast ausschließlich nach dem materiellen Nutzen einschätzt, die sie ihm bringt.«

Da ist er wieder, der altbekannte Grabnersche Pragmatismus, reiner als alle Kunst je sein kann. Und doch gibt es diesmal ein Problem, denn die zweite literarische Arbeit, die Grabner anno 1958 vorlegt, verkauft sich alles andere als gut. Von seinem pünktlich zum Weihnachtsgeschäft (und dem 40. Jahrestag der Gründung der KPD) veröffentlichten Gedichtband *Der Takt liegt auf dem linken Fuß* verkaufen sämtliche Leipziger Buchhandlungen bis Ende Dezember gerade mal neun Exemplare.

Ob es an den Gedichten liegt? Objektive Schwierigkeiten sind zumindest keine erkennbar, und auch Grabners subjektiver Standpunkt ist von ungeahnter Klarheit. Von ideologischen Widersprüchen jedenfalls nicht mal zwischen den Zeilen eine Spur. Im Gegenteil. Grabners Gedichte sind Papier gewordene Eintakt-Motoren, die nicht gerade leise und gelegentlich auch ein wenig unrund laufen, um nicht zu sagen *quer übers Textfeld rumpeln*, aber dafür mit einem eindeutig linksrum drehenden Schwungrad ausgestattet sind, das, einmal in Bewegung versetzt, unablässig die Richtung vorgibt. »Vorwärts!«

Im Grunde genügt es, die letzten drei Gedichte des kleinen Bändchens zu lesen. Sie enden allesamt mit den Worten: »der Sozialismus siegt.«

Andererseits, was nützt der schönste Sozialismus, wenn er sich nicht verkauft? Mit neun bezahlten Exemplaren ist für den freischaffenden Schriftsteller Hasso Grabner jedenfalls kein Staat zu machen, noch nicht mal in der DDR.

Und so endet das Jahr '58 – und als ich Hasso Grabner Anfang Januar wiederbegegne, sitzt er nicht mehr am Schreibtisch, sondern steht in einer Fabrik.

Haben sie ihn also doch noch in die Produktion gesteckt? Oder ist er vielleicht sogar freiwillig dorthin gegangen? Weil er gemerkt hat, dass er mit seiner linksfüßigen Lyrik zwar die Zukunft des Landes propagieren, aber nicht seine eigene bestreiten kann?

Könnte man denken. Stimmt aber nicht. Denn Hasso Grabner, der Schriftsteller, wäre nicht Hasso Grabner, der Chronist einer Groteske namens Geschichte, wenn er nicht immer genau dort wäre, wo diese Groteske gemacht, um nicht zu sagen *fabriziert* wird. In diesem Fall ist es das Aluminiumwerk I des Elektrochemischen Kombinats Bitterfeld. Denn dort, wo das Leben ein volkseigener chemisch reduzierter Riesenkörper ist, die Welt aus nichts anderem als kalten Klotzbauten, Wolken produzierenden Riesenschloten und endlos verwinkelten Rohrleitungen besteht und die DDR so grau ist, dass selbst schwarz-weiß Fotos die Tristesse nicht zu fassen vermögen, stehen, in einer fußballfeldgroßen Halle, sämtliche Mitglieder der Jugendbrigade »Nikolai Mamai« vor einem dampfenden Elektrolysebecken – und suchen das Buch des Monats.

Ob Hasso Grabner deswegen hier ist? Will er den jungen Arbeitern womöglich seinen Gedichtband andrehen? Weil er früher selbst mal in der Eisenhüttenindustrie tätig war und jetzt, als Lyriker, die klassische *Ballade vom Aufbau des Bandagenwalzwerkes Gröditz* verfasst hat? Immerhin ist es das erklärte Ziel der Jugendbrigade, »daß jedes Mitglied sich eine Hausbibliothek schöngeistiger Literatur anlegt«. Warum also sollten sie da nicht …

Aber das ist natürlich alles überhaupt gar nicht wahr. Das heißt, die Brigade hat sich an jenem 3. Januar 1959 sehr wohl vor dem Elektrolysebecken versammelt. Und auch Hasso Grabner ist da. Und um schöngeistige Literatur geht es auch, doch sind das alles nur Bausteine der eigentlichen Geschichte, sind die »Mamais«, Hasso Grabner und die Literatur allesamt nur Mittel zum Zweck einer viel größeren Inszenierung. Und die hat ihren Anfang bereits einen Monat zuvor, am 3. Dezember 1958, im Berliner Büro des Vorsitzenden des Freien Deutschen Gewerkschaftsbundes, Herbert Warnke, genommen…

Warnke, der zu dieser Zeit von der SED-Führung intern heftig kritisiert und mitsamt seiner Einheitsgewerkschaft für politisch desorientiert, initiativlos und überhaupt reichlich unfähig gehalten wird, hat an jenem Tag eine Delegation sowjetischer Gewerkschafter zu Gast, die ihm von einer neuen Bewegung erzählen, die sich »Brigaden der kommunistischen Arbeit« nennt und deren Mitglieder es sich laut Aussage der vor Stolz fast platzenden Russen zum Ziel gesetzt haben, so zu arbeiten und zu leben, dass »in all ihren Handlungen die hohe persönliche Verantwortung für die gemeinsame Sache des Aufbaus des Kommunismus sichtbar wird«.

Dass die angeblich aus der Mitte der Arbeiterschaft entstandene und sich in spontaner Begeisterung quer übers sowjetische Land ausbreitende Bewegung in Wahrheit von der Führung der KPdSU in Gang gesetzt wurde, ist Warnke schnell klar, doch stört ihn das nicht. Im Gegenteil. Genau so stellt er sich die Sache auch für die DDR vor, nur dass es hier statt der KPdSU der FDGB sein muss, der die Sache ins Rollen bringt. Und ins Rollen, das weiß Warnke, muss sie kommen, schließlich hat die Bewegung ihren Ursprung auf einem Moskauer Verschiebebahnhof genommen – und er, Herbert Warnke, hat keine Lust, in Ostberlin aufs politische Abstellgleis geschoben zu werden.

Was folgt, ist ein minutiös geplantes Drehbuch, dessen Textgrundlage ein am 10. Dezember in der *Prawda* erschienener und sogleich ins Deutsche übersetzter Artikel über die Brigadebewegung in der Sowjetunion ist, den Warnke zum Teil wortwörtlich abschreibt, wobei er lediglich den Begriff »kommunistisch« durch »sozialistisch« ersetzen muss. Und auch die in dem *Prawda*-Artikel genannten Forderungen und Ziele werden von Warnke größtenteils übernommen: Förderung der Jugendbrigaden, ständige Erhöhung der Arbeitsnormen, Ausweitung des Sozialismus über den Bereich der Arbeit auf das gesamte Leben und – na klar – keine Sperenzchen!

Damit Letztere auch wirklich ausbleiben (und das Abstell- für Warnke zum Durchfahrtsgleis wird), bastelt er flugs noch ein paar von Ulbrichts *Zehn Geboten der sozialistischen Moral und Ethik* in den Text und schickt das Drehbuch am 15. Dezember an den FDGB-Bundesvorstand, wo es sogleich zu zirkulieren beginnt und schließlich – welch Wunder – auch den Zentralrat der FDJ und die SED-Führung erreicht, woraufhin sich alle gegenseitig zu dieser Initiative »von unten« beglückwünschen, in glühweinseliger Festtagsstimmung die Hände heben und einstimmig festlegen: »Die Bewegung beginnt mit einem Aufruf einer Jugendbrigade des EKB Bitterfeld, der spätestens am 6. Januar zu veröffentlichen ist.«

Bis dahin aber ist noch einiges zu tun, schließlich – das wissen die Ingenieure der sozialistischen Arbeiterseele genau – läuft selbst die geplanteste aller spontanen Bewegungen Gefahr, ungeplante Reaktionen mit sich zu bringen, weshalb ab dem 30. Dezember nicht nur die gesamte Bitterfelder Jugendbrigade instruiert und in den folgenden Tagen durch unzählige Versammlungen, Beratungen und Diskussionsrunden von der Arbeit (und dem üblichen Silvesterbesäufnis) abgehalten wird, sondern auch ein allgemeines Informationsverbot in Kraft tritt, schließlich soll es so aussehen, als sei die spontane Bewegung direkt an der Basis, das heißt an einem dampfenden Elektrolysebecken entstanden.

»Unter einer Elektrolyse versteht man die Zersetzung bzw. Umsetzung eines Stoffes durch den elektrischen Strom. Es handelt sich dabei um eine erzwungene Reaktion.«

Der Einzige, der von all dem nichts mitbekommt, ist der, der ganz oben sitzt, auf den Namen Walter Ulbricht hört und in seinem Neujahrsartikel vergnügt die Bildung von Brigaden der sozialistischen Arbeit zu verkünden gedenkt – und nur unter Benutzung des neuen, direkt ins Politbüro laufenden Durchfahrtsgleises gelingt es Warnke, den Satz kurz vor seiner Veröffentlichung zu streichen, wobei er es unterlässt, Ulbricht auf das elfte Gebot (»Du sollst warten!«) hinzuweisen.

Die vorbereitenden, auf Eliminierung des Zufalls bei gleichzeitiger Steigerung der Authentizität zielenden Maßnahmen sind damit aber noch längst nicht abgeschlossen, denn bevor die Bitterfelder Brigade »ihren« Aufruf *Sozialistisch arbeiten, lernen, leben!* am 5. Januar im Betriebsfunk vorlesen darf, führt die Gewerkschaftsleitung noch diverse Beratungen mit Presse, Rundfunk und Fernsehen durch, wobei das Ziel vollkommen klar, wenngleich offenbar nicht für alle selbstverständlich ist: »Es muß erreicht werden, daß die Presse unmittelbar und richtig reagiert.«

Unmittelbar und in seinen Augen gewiss auch ganz richtig reagiert auch Hasso Grabner, denn der fährt – nach eigenen Angaben »freundlicherweise« von der Zeitung *Tribüne* über wichtige, Anfang Januar im EKB Bitterfeld stattfindende Versammlungen informiert – eilends in besagten Betrieb, wo er am Vormittag des 3. Januar 1959 ankommt und sogleich die Rolle des Chronisten einnimmt.

Ob sich Grabner darüber im Klaren ist, dass er Teil eines abgekarteten Spiels, einer im Grunde vollkommen irren Inszenierung ist, weiß, wenn überhaupt, nur er selbst, doch deutet einiges darauf hin, dass man ihm, der sogleich plant, aus den sozialistischen Wünschen der Brigade ein Funk- und Fernsehstück zu machen, nichts von dem geheimen Drehbuch erzählt, weshalb Grabner auch glaubt, ja überhaupt nur glauben *kann*, dass am 3. Januar, dem Tag seiner Ankunft, der »große Gedanke der sozialistischen Brigade zum erstenmal diskutiert wird«.

Fest jedenfalls steht, dass Grabner die »Mamais« von nun an auf ihrem Weg begleitet – von der Verlesung der Selbstverpflichtung im Betriebsfunk (»Wir haben uns das Ziel gestellt, auf sozialistische Weise zu arbeiten, zu lernen und zu leben, um eine Brigade der ›sozialistischen Arbeit‹ zu werden.«) über den Abdruck des Aufrufs in der Presse (»Die Tageszeitung des FDGB berichtet«) bis hin zu den anschließenden wiewohl im Drehbuch bereits *vorab* festgelegten Reaktionen (»In den darauffolgenden Tagen, bis 10. Januar, sind als Anschluß auf diesen Aufruf dann die Erklärungen der nächsten fünf Brigaden zu veröffentlichen, ebenso die zustimmenden Erklärungen der Techniker und Meister derselben Betriebsabteilungen.«).

Und während sie draußen im Land über die Initiative der Arbeiterschaft jubeln und vor lauter Freude nicht mehr aufhören können, sozialistische Brigaden zu gründen, bleibt Hasso Grabner in Bitterfeld, in der fußballfeldgroßen Halle des Aluminiumwerks I, und rennt, mit einem Block Papier in der Linken und einem Technischen Wörterbuch in der Rechten, von einem dampfenden Elektrolysebecken zum anderen, schließlich haben die »Mamais« in ihrem Aufruf die Mitglieder des Kollektivs »Einheit« zum sozialistischen Wettbewerb aufgefordert – und es ist Hasso Grabners Aufgabe, den Kampf von beiden Seiten aus zu dokumentieren.

Was auf diese Weise binnen weniger Wochen entsteht, ist das Gegenwartstück einer präfabrizierten Zukunft, deren Geschichte Hasso Grabner offensichtlich nicht kennt, weshalb sein Untertitel dann auch ein ganz anderer ist und »von der Zukunft, in der wir schon leben« kündet.

Das Stück, das den Wettbewerb der beiden Brigaden schildert, ist jedenfalls, noch bevor der Winter vorbei ist, geschrieben, gespielt und gesendet. Es ist ein Stück, bei dessen Herstellung der Pragmatiker Hasso Grabner den Literaturliebhaber Hasso Grabner besiegt, und zwar durch Technischen K. o. im ersten Akt. Und während der Literat Hasso Grabner auf den Brettern liegt, steht der Pragmatiker Hasso Grabner auf der Bühne und beschreibt dem ehrfurchtsvoll staunenden Publikum sein Werk: »Es geht dort nicht um tiefgreifende Konflikte. Es schreit dort auch keiner, sondern es geht darum, wie verhalten sich Menschen zweier Brigaden in den verschiedenen Fällen persönlich zueinander?«

Im Publikum nicken sie kollektiv mit den Köpfen, und auch die anwesenden Schriftsteller kriegen einiges zu hören, denn Hasso Grabner teilt ihnen mit, dass sein Werk bereits im März '59 über den Äther gegangen ist und dass die spezielle Radiofassung eines solchen Stücks viele Vorteile mit sich bringt: »Ich kann nur jedem empfehlen, mit den Kollegen der Hörspieldramaturgie zusammenzuarbeiten. Schon deshalb, weil aktuelle Probleme in einer verhältnismäßig kurzen Zeit gestaltet werden können. Man überlege sich nur, wie lange es dauert, daß so etwas gedruckt wird, wenn es nicht gerade eine Zeitung bringt.«

Was die Zeitungen dagegen sehr wohl bringen, ist der Aufruf der »Mamais«. Das Blatt, das den Aufruf der Jugendbrigade als Erstes veröffentlicht, ist die *Tribüne*, ebenjene Zeitung, die Hasso Grabner zuvor »freundlicherweise« informiert hatte. Sie ist es auch, die sein Stück *Wer verschenkt schon seinen Sieg?* ein Jahr später im hauseigenen Verlag in gedruckter Form publiziert, nachdem es 1959 bereits den FDGB-Literaturpreis erhalten hat.

Zufall? Glück? Talent? Kontakte? Die Akten schweigen sich dazu aus – und mir ist es egal. Mir genügt es zu wissen, dass Hasso Grabner, der Schriftsteller, der Chronist einer Groteske namens Geschichte, immer genau dort ist, wo diese Groteske gemacht wird.

Dass er selbst Teil dieser Groteske ist, daran kann es, nach allem, was passiert ist, keinen Zweifel mehr geben, und falls es doch einen gibt, dann wird er am 23. April 1959 beseitigt, denn da hockt – zweihundert Kilometer östlich von Bitterfeld – das komplette Hochofenkollektiv vom Stalinwerk in Stalinstadt vorm Tonbandgerät und verbringt seine Brigadeabend damit, Hasso Grabners Stück anzuhören.

Allerdings ist der Hörspielabend nur der Anfang. Seine Fortsetzung findet er in einem siebenteiligen literarischen Elaborat, das von den sozialistischen Arbeitern persönlich verfasst und in der Betriebszeitung des Stalinwerkes abgedruckt wird. Es ist ein Roman mit dem Titel *Der Weg der Rohrschweißer zur Brigade der kommunistischen Arbeit. Vom Leben der Jugendbrigade Grigorij Sitalo, Dnepropetrowsk*. Er ist heute in keiner Bibliothek für schöngeistige Literatur mehr zu finden.

Und Hasso Grabner? Der ist nicht nur Teil der Groteske namens Geschichte und immer genau dort, wo sie gemacht wird, er schreibt auch mit an ihr, auch wenn er das Drehbuch nicht kennt und das mit der Geschichte so eine Sache ist, schließlich entsteht sie immer erst, wenn sie schon passiert ist …

Geschenkt. Die Arbeiter in Hasso Grabners Stück handeln jedenfalls alle, als seien ihnen Ulbrichts *Zehn Gebote* in Fleisch und Blut übergangen. Sie leben 24 Stunden am Tag nach den strengen Regeln der Großen Sozialistischen Kirche, sind moralischer als die Moral, vernünftiger als die Vernunft und bildungsfimmeliger als ein zu sehr viel Freizeit verurteilter Kommunist in einer Knastbücherei. Sie sind, mit einem Wort, Hasso Grabners geschriebenes, nicht sein gelebtes Ich, und es ist kein Wunder, dass, als die Inszenierung vorbei und der ganze Tross wieder abgereist ist, die Brigade »Nikolai Mamai« genauso wenig den ihr versprochenen Nationalpreis erhält wie Hasso Grabner acht Jahre zuvor.

Bis es aber so weit ist, das heißt die »Mamais« ihre Trinkkultur wiederbeleben, die tägliche Zeitungslektüre vergessen und fröhlich galante Bummelschichten einfahren können, geht der Supersozialismus im Elektrochemischen Kombinat Bitterfeld offiziell weiter, schließlich hat das Zentralkomitee der SED im November 1958 beschlossen: »Chemie gibt Brot, Wohlstand und Schönheit.« Wobei für die Schönheit oder – es ist schließlich alles Fiktion – für die Darstellung derselben bis auf Weiteres noch die Schriftsteller zuständig sind.

Da mit Hasso Grabner bereits einer von ihnen in Bitterfeld weilt, das Elektrochemische Kombinat einen großen, mit allen Schikanen ausgestatteten Kulturpalast besitzt und die SED-Führung gerade nichts Besseres zu tun hat (soll heißen: sich in großen Palästen wohlfühlt und ein lebhaftes Interesse an den verschiedenen Formen und Möglichkeiten von Schikane hat), werden flugs 700 Schriftsteller, Funktionäre und Arbeiter eingeladen, in großen Gruppen ins Kulturhaus gekarrt und am 24. April 1959 die erste Bitterfelder Konferenz eröffnet, deren erklärtes Ziel es ist, nicht nur die Autoren zu den Arbeitern zu bringen, sondern auch die Arbeiter zu Autoren zu machen, was im Grunde nichts anderes bedeutet, als dass diese die Höhen der Kultur stürmen und jene in die Niederungen des Alltags herabsteigen sollen.

Dass die Höhen dafür planiert und die Niederungen aufgeschüttet werden müssen, wird später, wenn alles ganz anders ist, die alten Schrecken vorbei und durch neue ersetzt sind, Teil der Geschichte sein. Jetzt aber, im April des Jahres 1959, existiert dieser Teil nur als unausgesprochener, als einer, der gar nicht ausgesprochen werden *kann*, denn ihm würde sofort widersprochen werden, schließlich hat sich der Mitteldeutsche Verlag, der die Konferenz in Bitterfeld organisiert hat, bei seinem Vorbereitungstreffen im November 1958 mit dem »grandiosen Programm unserer chemischen Industrie« beschäftigt und sich dazu entschlossen, in Auseinandersetzung mit diesem Programm das eigene, das heißt die Literatur »auf eine neue, höhere Ebene« zu heben. Seitens des Verlags führt das zunächst zu einer Partnerschaft mit diversen Chemiebetrieben, anschließend zu einem entsprechenden literarischen Preisausschreiben und schlussendlich zu dem Wunsch, in den Betrieben Arbeiterschriftstellergruppen zu gründen, getreu dem Motto »Greif zur Feder, Kumpel!« – oder, denn auch *das* Motto ist von den Russen geklaut – »Frisch angesetzt, das Schreibgerät«.

Was Hasso Grabner von der ganzen Chose hält, ist schwer zu sagen, immerhin hat er im Kombinat »Schwarze Pumpe« selbst erlebt, wie es ist, wenn ein Schriftsteller in den Betrieb kommt. Wenn das jetzt also alle so machen … Andererseits hat er gerade erst am Elektrolysebecken gestanden und mit seinem Stück das, was auf der Bitterfelder Konferenz gefordert wird, nämlich operative Literatur zum Aufbau des Sozialismus zu schreiben, bereits erfüllt, um nicht zu sagen vorweggenommen, schließlich hat er sein *Spiel von der Zukunft, in der wir schon leben* geschrieben, noch bevor die Partei diese Zukunft überhaupt zur Gegenwart erklärt hat. Kein Wunder also, dass Hasso Grabner auf der Bitterfelder Konferenz nicht nur sprechen und von seinen Erfahrungen berichten darf, sondern sein Werk auch lobend erwähnt wird, und zwar von Alfred Kurella, seines Zeichens Leiter der Kulturkommission beim Politbüro des ZK der SED und überdies erster und einziger Vertreter einer Theorie, die besagt, dass die ersten Verse der Menschheit beim Ritt auf einem Kamel entstanden sind.

Weil man in der SED aber weiß, dass Grabner nicht immer so lebt, wie er schreibt, das heißt, zwar vielleicht kein künstlerisches Kamel, so aber doch ein ideologisches Chamäleon ist, wird sein Hörspiel in Kurellas Eröffnungsreferat der Konferenz zwar zitiert, nicht aber notiert. Im Protokoll zur Konferenz findet sich jedenfalls kein Sterbenswörtchen über Grabners Stück. Die Stelle ist ersatzlos gestrichen.

Und Grabner? Der zuckt mit den Schultern, schlendert aus dem Kulturpalast und macht unbeirrt weiter. Schreibt das Drehbuch für einen Kinofilm (*Die Entscheidung des Dr. Ahrendt*), verfasst eine Agitprop-Revue für die Arbeiterfestspiele der DDR, übernimmt in den Chemiewerken Leuna eine Gruppe schreibender Arbeiter und in Leipzig eine Gruppe junger Autoren und veröffentlicht direkt nach der Bitterfelder Konferenz seinen nächsten Gedichtband, wobei bereits im Titel die Richtung klar wird: *Fünfzehn Schritte gradaus*. Der Pragmatiker in ihm spart sich sogar das »e«.

Parallel zu seinem literarischen Werk beginnt allerdings auch seine Akte im Schriftstellerverband zu wachsen, wo man ihm schon bald »Größenwahn« konstatiert. Subjektive Schwierigkeiten. Mal wieder …

»Sogar in der Nazi-Zeit will er nach seiner Entlassung aus dem KZ bis zur Zwangseinberufung zu den 999ern zwei Jahre lang Betriebsführer in einem 80-Mann-Betrieb gewesen sein und laufend Sabotage geübt haben. (In seinem Lebenslauf sind diese zwei Jahre übersprungen.)«

Und siehe da, in dem für den Schriftstellerverband geschriebenen Lebenslauf sind die zwei Jahre tatsächlich übersprungen, doch erlebt hat Hasso Grabner sie. Genauso wie er der Erste war, der in einem volkseigenen Betrieb ein Werk operativer sozialistischer Literatur verfasst hat, auch wenn es in der dazugehörigen Dokumentation von den Vertretern der Partei nicht mehr erwähnt wird. Die Erinnerung, das ist jetzt endgültig klar, ist der Grundstoff der Geschichte. Die Ideologie aber ist die Form, in der sie sich als geschriebene, gestrichene, gekürzte entäußert.

In Leuna wird derweil gar nichts gekürzt, sondern alles aufgeschrieben. Und zwar im Chemiewerk. Im Klubhaus der Werktätigen. Im Raum, in dem der Zirkel schreibender Arbeiter tagt. Da werden sie einer nach dem anderen aufgeschrieben, da verdoppeln sie sich vom Leben direkt aufs Papier, die schreibenden Arbeiter, die Männer, die jeden Donnerstagabend unter dicken Rohrleitungen hervorkriechen und ihre Köpfe aus Cadmium und Quecksilber ins Kulturhaus reinstecken, die Spiegelbilder ihrer chlorverätzten Gesichter in dem frisch polierten Bohnerwachsflur aufleuchten sehen, ihn entlanglaufen, als sei er aus Eis, und irgendwann eine Tür öffnen, hinter der ihresgleichen an Schulbänken sitzen und schreiben.

Das ist der Zirkel, den Hasso Grabner leitet. Aber es ist nicht sein erster, denn er hat schon mal einen geführt. Vor zwanzig Jahren. In Buchenwald. Im KZ. Damals haben sie nicht die Werke und Tage eines Chemiearbeiters beschrieben, sondern über Lenins *Staat und Revolution* gesprochen. Zwei Leute waren sie damals im Zirkel, und es ging nicht um Produktionsprobleme bei der Kohleverflüssigung, sondern darum, etwas vom großen Ganzen zu erfahren und dabei die Zahl der Opfer möglichst klein zu halten. Da saßen sie nicht im Innern eines Kulturhauses, zwischen Regalen und Büchern, an Schulbänken, über denen die Köpfe rauchen und unter denen die ausgezogenen Arbeitsstiefel dampfen wie draußen die Schlote, sondern hockten draußen im Freien, auf einem gefällten Baum, die Schuhe im Schlamm und zu ihren Füßen alles wie Brei, und redeten statt zu schreiben und mussten aufpassen, dass der Wind die Worte nicht zu den SS-Leuten trug.

Im Klubhaus in Leuna dagegen ist es vollkommen still, und sobald die Manuskripte der vergangenen Woche besprochen, Kritik geäußert und Anregungen gegeben sind, ist nur noch das Kratzen von Bleistiftminen auf holzigem Papier zu hören. Die vor der Tür im Bohnerwachsmeer schwimmenden Lichter bewegen sich bei alldem kein Stück, und das Einzige, was aus dem Raum der schreibenden Arbeiter nach außen, zu den SED-Leuten dringt, sind zwei Anthologien mit Texten.

Und doch scheitert Hasso Grabners Experiment, denn das Gros der Arbeiter will weder über Normerfüllungen schreiben noch Schriftsteller werden, das Gros der Arbeiter will einfach nur wissen, wie man ein Brigadetagebuch führt.

1965 ist der Schreibzirkel auf gerade mal zwei Mitglieder zusammengeschrumpft. Sie waren bereits vor Hasso Grabner da. Und sie werden, daran lassen sie keinen Zweifel, auch nach ihm hier sein. Mit anderen Worten: Hasso Grabner kann gehen.

Ende des Jahres 1965 verlässt Hasso Grabner Leuna. In den fünf Jahren, in denen er hier war, hat er sechs Bücher geschrieben. Jetzt aber ist es Zeit, seine Siebensachen zu packen. Schriftsteller hat er keinen gefunden. Aber dafür eine junge Frau kennengelernt. Und mithilfe der schreibenden Arbeiter zwei Sammlungen veröffentlicht. Darin Gedichte, Alltagsskizzen, Fotos, Berichte. Es sind Texte, in denen die Köpfe aus Quecksilber, die Körper Volkseigentum und die Geschichten auf das Chemische reduziert sind. Texte aus einer Welt, in der die Kulturhäuser in Bohnerwachs schwimmen. Texte aus dem komplett eingezäunten Leunaer Werk. Die Anthologien, in denen sie stehen, tragen beide denselben Namen. Er lautet: *Neues Lied, das da beginnt.*

Für Hasso Grabner beginnt indes erst mal wieder das alte Lied, denn die Partei ist unzufrieden, und zwar mit dem politisch-ideologischen Zustand des Schriftstellerverbandes im Allgemeinen und dem von Hasso Grabner im Besonderen. Wobei nach Ansicht der marxistisch-leninistischen Kaderköpfe zwischen beiden Zuständen ein direkter Zusammenhang besteht, der – im Gegensatz zu den deduktiven Richtungsweisungen der Parteispitze – in diesem Fall vom Kleinen zum Großen verläuft. Soll heißen: Hasso Grabner gehört mal wieder vor die Parteikontrollkommission.

Man möchte fast meinen, Hasso Grabner hat es drauf angelegt. Sieben gegen einen, in stundenlanger Diskussion, da kann er endlich mal wieder die Rolle des Ketzers spielen, der mit der Partei streitet, weil er sie liebt.

»Unfehlbarkeit«, so erklärt er der Parteikontrollkommission jedenfalls, kaum dass er zur Tür rein ist, »ist mir zuwider.« Und damit es auch jeder versteht: »Ich gehöre nicht zu den Leuten, die Kunst für absolut unmöglich halten, wenn ihre Schöpfer nicht zugleich ihrem Inhalt gemäß leben. Die Geschichte kennt mehr als einen, der soff wie ein Vieh und schrieb wie ein Gott.«

Damit ist der Fehdehandschuh geworfen. Und während die Bezirksparteikontrollkommissionsmitglieder nicht wissen, ob sie ihn aufheben sollen, und erst mal, denn damit sind sie auf der sicheren Seite, erklären, dass sie die Bezirksparteikontrollkommissionsmitglieder sind, beschleicht mich das ganz und gar nicht ungute Gefühl, als luge hinter der Maske des Pragmatikers der Romantiker Hasso Grabner hervor, heimlich und mit einem verschmitzten Lächeln im Gesicht, als hätte er, während die Arbeiter im Kulturhaus über den praktischen Nutzen der Petrochemie schrieben, mal wieder den alten Schlegel gelesen, schließlich wusste der schon damals, worum es den Antiorthodoxen, das heißt *den wahrhaft Gläubigen* zu jeder Zeit geht – in der Großen Sozialistischen Kirche wie in der anderen: »Der wahre Protestant«, so heißt es in Friedrich Schlegels *Lessing aus Leuna*, »muß auch gegen den Protestantismus selbst protestieren, wenn er sich nur in neues Papsttum und Buchstabenwesen verkehren will. Die Freiheit des Denkens weiß von keinem Stillstande und die Polemik von keinen Schranken.«

Und Teufel noch eins, für eine gepflegte Polemik ist Hasso Grabner immer zu haben! Besonders jetzt, wo die Bezirksparteikontrollkommission den Fehdehandschuh aufgehoben und auf den Tisch gelegt hat, freilich ohne dem vor lauter Vorfreude mit dem verbalen Säbel rasselnden Grabner (»Lust zum Streit und Spaß an scharfen, zugespitzten Witzen liegen mir im Blut.«) mitzuteilen, dass sie ihre Informationen von der Zentralen Parteikontrollkommission hat, die ihrerseits wiederum von der Kreisparteikontrollkommission informiert worden ist, die Grabner in einer Aussprache in Leuna angehört, seine darin geäußerten Ansichten (»Ulbricht hat keine Ahnung von Kultur.«, »Die Partei hat nicht immer recht.«, »Es ist in Ordnung, Westsender zu hören.«) fein säuberlich notiert und schließlich mit dem Ziel der weiteren Bearbeitung Grabners über Berlin nach Leipzig geschickt hat, wo sie jetzt als Mustersammlung Erzreaktionärer Grabnerscher Ansichten (MEGA) auf den Tisch gepackt werden, in siebenfacher Ausfertigung, direkt hinter dem auf weitere Würfe wartenden Fehdehandschuh, derweil Hasso Grabner mit gezogenem Säbel auf der anderen Seite des Tisches sitzt (»Es kommt vor, daß ich zu irgendeinem Problem eine Position einnehme, die ich innerlich gar nicht habe, nur weil es sich von ihr aus elegant fechten läßt.«), plötzlich der sich auftürmenden Sammlung gewahr wird – und mit einem Mal nicht mehr sagen kann, ob er das tapfere Schneiderlein ist oder eine Fliege, die mit einem Tuch (oder Buch) totgeschlagen werden soll. (»Es wäre sinnvoller gewesen, wenn ich diese prächtige Schrift vorher zugestellt bekommen hätte. Ich sehe, andere Leute haben auch Durchschriften.«)

Was folgt, ist keine Antwort, sondern ein Stakkato von Fragen: »Wie stehst du zur Politik unserer Partei?« »Ist das, was Genosse Walter Ulbricht gesagt hat, zu bejahen oder zu verneinen?« »Hat der Bitterfelder Weg Erfolge gezeigt oder nicht?«

Und weil Grabner nichts sagt, weil aufgrund des Monologs des Vorsitzenden gar nichts sagen *kann* … »Willst du diese Fragen nicht verstehen, hast du sie nicht verstanden, oder willst du sie nicht anerkennen?«

Und das ist der Moment, in dem Hasso Grabner einfällt, dass er einen Säbel in den Händen hält. (»Überhaupt ist mein Widerspruchsgeist hoch entwickelt.«) Und dann geht es los. Mit Gedichten! Aber warum auch nicht? Schließlich hat die Partei Grabner nicht zuletzt deswegen vor die Kommission zitiert, weil er vor einiger Zeit auf einem Lyrikerabend Ärger gemacht, das heißt eine poetische Prügelei angezettelt hat …

Rückblick. *Leipziger Volkszeitung* vom 09.01. bis 30.01.1963. Dokumente aus einem Land vor unserer Zeit. Es treten auf: 500 Zuschauer, 17 Lyriker, 2 Berichterstatter, 1 Fleischer, keine Germanisten.

Die Sache beginnt freilich nicht mit Versen, sondern mit einem Versehen, denn als die Zeitung (»Organ der Leipziger Bezirksleitung der Sozialistischen Einheitspartei Deutschlands«) die Veranstaltung ankündigt (»Lyriker an der Seite der Partei«), schreibt der zuständige Kulturredakteur den Namen eines der jungen Dichter falsch, was freilich weder dem Korrektor noch sonst einem in der Redaktion auffällt, denn niemand weiß, wer um alles in der Welt Volker Brauner ist.

Der gute Volker lässt die Sache unkommentiert und freut sich klammheimlich über das mehr an Er, derweil im Kulturzentrum Südwest der erste Dichter die Bühne betritt, 500 Augenpaare auf sich gerichtet sieht und die eigens von der SED-Bezirksleitung bestellten Kameras zu surren beginnen. Was folgt, könnte genauso gut gestern passiert sein. Ein Berliner Dichter wirft Verse wie Schlammbrocken ins Auditorium, ein Mann aus Halle preist in Sätzen, die nach Kohlsuppe riechen, das Leben in der Saalestadt, und ein syrischer Poet berichtet stockend vom Leiden seines Volkes.

Nummer 17 und damit der Letzte auf der Bühne aber ist ein Leipziger Lyriker namens Richter – und der tanzt aus der Reihe. Warum, weiß keiner zu sagen. Vielleicht ist es wegen der Zahl 17, die traditionell das Ende der Welt und den Übergang in eine neue bedeutet, vielleicht aber auch, weil ihm der Sinn danach steht, *weil er an diesem Abend einfach ein bisschen traurig ist*, jedenfalls gibt der Pleißen-Poet einen Vierzeiler zum Besten und erklärt, er sehne sich nach einem Schoß, der ihn zurücknimmt, denn: »vielleicht sind wir ja alle zu früh geboren.«

Eisige Stille im Saal. Keiner klatscht. Das heißt keiner, bis auf einen …

Es ist – wie sollte es auch anders sein – Hasso Grabner, der das Gedicht vor den laufenden Kameras der versteinerten Funktionäre verteidigt und in der anschließenden Diskussion mit den Zuschauern auch gegen die eigene Partei Stellung bezieht, die den Vierzeiler, so viel ist klar, alles andere als erbaulich findet.

»Da hat ein Genosse ein Gedicht geschrieben, das von Resignation gestimmt ist und höchstens solche Leute ansprechen kann, die noch unsere Entwicklung bezweifeln. Kann unsere Partei damit einverstanden sein? Die Lyrik hat doch eine konkrete Aufgabe in der Gesellschaft zu erfüllen.« Und an Grabner gewandt: »Du bist der Meinung, diese Art Lyrik soll unserer Jugend zur Einflußnahme auf die Erziehung angeboten werden?«

»Da muß man sich erstmal die Frage stellen, ob die Lyrik ausschließlich und in jedem Falle die Aufgabe hat, zu erziehen«, erklärt Grabner. Und dann: »Daß dieses Gedicht keinen erzieherischen Wert hat, darüber bin ich mir im klaren, aber nach meiner Meinung wird dadurch niemand zum Selbstmord erzogen.«

»Du mußt bedenken, was für eine Autorität du hast. Ich habe manchmal den Eindruck, du bist dir der Bedeutung der Worte, die du sprichst, nicht immer klar.«

»Ich habe das Gedicht ja auch nicht gebracht. Ich kann nur sagen, da stirbt kein Mensch von.«

»Heute im Sozialismus können wir doch keine Selbstmordideen propagieren.«

»Ich bejahe nur das Recht dieses Mannes.«

»Aber öffentlich.«

»Das tut uns doch nicht weh.«

»Das tut uns weh, wenn er die heutige Zeit noch im Mutterschoß sein will.«

»Weltschmerzliche Menschen hat es immer gegeben und wird es in 100 Jahren noch geben.«

Und so geht's dahin. Und während die Partei den Vierzeiler verurteilt und Hasso Grabner nicht müde wird, das Gedicht zu verteidigen und den Funktionären zu erklären, wie er die Sache so sieht (»Für mich ist das ein harmloses Blümlein.«), erhebt sich zwei Reihen weiter hinten ein junger Mann und behauptet, in der DDR nicht nur in lyrischen Fragen, sondern generell nicht sagen zu dürfen, was einem beliebt, woraufhin Hasso Grabner die ohnehin ein wenig langweilig gewordene Lyrikanalyse aufgibt und lauthals »Ja, man kann wirklich nicht die Wahrheit sagen!« ruft.

Was folgt, ist ein gepflegter Tumult, der in den darauffolgenden Tagen nicht mehr im Saal, sondern in der *LVZ*, und das heiß, statt vor 500 vor 500.000 Leuten fortgeführt wird. Mit einem Unterschied: Hasso Grabner hat jetzt keine Möglichkeit mehr, Widerworte zu geben, denn er ist nach der ganzen Aktion raus aus der Zeitung für Zentralperspektive. Drin dagegen ist die Partei, denn der gehört schließlich das Blatt. Weil die nun folgende Geschichte aber nicht ohne Ironie auskommen darf, lässt die Leipziger Bezirksleitung der SED den Angriff auf Grabner von der FDJ fahren, ebenjener Organisation, die Grabner siebzehn Jahre zuvor selbst gegründet hat.

Was folgt, sind die üblichen Vorwurfe, nur dass sie diesmal nicht in der Kaderakte, sondern in der Zeitung stehen. Grabner, so heißt es, betreibe nichts weniger als »die Verleumdung unserer Gesellschaftsordnung«, denn er negiere »die führende Kraft der Partei der Arbeiterklasse« und stehe damit »fern des Lebens unseres Volkes«. Und weil selbst ein FDJ-Sekretär bei der Betrachtung eines Lyrikabends auch mal über Lyrik reden muss: »Grabner sagte, man müsse der Phantasie freien Lauf lassen. Das läuft darauf hinaus, der Anarchie im künstlerischen Schaffen das Wort zu reden.«

Zwei Tage später schlägt der nächste FDJ-Sekretär in dieselbe Kerbe, gefolgt von einem Dutzend ob der Lage der Lyrik im Land besorgter Leser (»Skandal!«), einem Volkskundler (»Ich mache nur einen Punkt zum Maßstab der Güte eines Gedichts: ist es volkstümlich?«) und einem Fleischer vom VEB Delicata (»Da ich mich selbst mit Lyrik beschäftige …«).

Publizistisch ist Grabner damit erledigt. In den kommenden Tagen, Wochen, Monaten und Jahren wird keiner der Beiträge, die er für die *Leipziger Volkszeitung* schreibt, gedruckt, werden bereits fertige Bücher nicht verlegt und Gedichte kurz vor ihrer Veröffentlichung wortlos wieder gestrichen. Die Kaderabteilung der Partei ist währenddessen über alles bestens informiert, und in einer Aktennotiz hält man nicht ohne Befriedigung fest, dass Grabner im Durchschnitt nur noch »monatlich 60,– bis 70,– Mark verdient«.

Den Rest, das heißt die *politische* Erledigung Grabners, besorgt der zeitgleich mit der Lyrikdebatte stattfindende VI. Parteitag der SED in Berlin, auf dem der FDJ-Führer den an der Welt leidenden Leipziger Lyriker (»Da faselt einer aus dieser Reihe seinen Wunsch, von der Erde weggenommen zu werden: Ist er denn noch ganz bei Troste?!«) ebenso verurteilt wie den ihn verteidigenden Hasso Grabner (»Daß es nicht um einen nebensächlichen Vierzeiler, sondern um Grundfragen der Weltanschauung und Politik geht, ist unabweisbar.«).

Das »Fehlverhalten« Grabners ist damit auf höchster Ebene notiert – und es wird auch nicht wieder gestrichen. Die Akten sind der Grundstoff dieser auf Kadergehorsam getrimmten Ideologie – und die Erinnerung an sie ist die Möglichkeit, den Gehorsam immer wieder einfordern zu können.

Kein Wunder, dass die Parteitagsprotokolle drei Jahre nach der Leipziger Lyrikdebatte von der Bezirksparteikontrollkommission wieder hervorgeholt und dem zum Verhör herbeizitierten Hasso Grabner präsentiert werden. Nur leider hat Grabner überhaupt nicht vor, sich verhören zu lassen, sondern sitzt mit gezücktem Säbel am Tisch. »Ich lasse mir nicht mehr gefallen, auf Grund dieses Aktenmaterials des kompletten Unsinns mich dauernd als einen schäbigen Sack zu bezeichnen.«

Und dann, direkt an die Kommissionsmitglieder gerichtet: »Schmeißt mal die Akten weg, da haben wir keine Komplikationen mehr.«

Ein durchaus ernst gemeinter Vorschlag. Allerdings nicht für die Mitglieder der Bezirksparteikontrollkommission, die sich in Reaktion auf Grabners Ansinnen nur noch tiefer in seine Akte reinwühlen – und froh sind, dass irgendjemand aufgrund des Umfanges der gesammelten Verfehlungen so freundlich war, ein Inhaltsverzeichnis samt Kurzfassung aller Vergehen anzulegen.

Hasso Grabner sitzt derweil noch immer mit gezücktem Säbel am Tisch. Er ist sich inzwischen sicherer denn je, dass die Partei einen wie ihn aushalten muss. Und ein paar weltschmerzige Gedichte erst recht. (»So etwas müssen wir uns leisten können. Ich selbst werde immer nur in der Kunstform des sozialistischen Realismus schaffen, aber ich finde es nicht gefährlich, oder uns bedrohend, wenn es andere nicht machen.«)

Überhaupt, so denkt er sich, würde es der Partei besser zu Gesicht stehen, wenn sie mit Andersdenkenden diskutieren würde und öffentliche Kritik zuließe, denn das wäre ein Gewinn und kein Schaden, schließlich gab es damals, als er jung war, das heißt in der Weimarer Republik, fast nur bürgerlich-reaktionäre Blätter, und er, Hasso Grabner, ist trotzdem ein guter Kommunist geworden, da können sie ihm so viele Parteistrafen geben, wie sie wollen.

Und das ist der Moment, in dem Hasso Grabner das Gefühl überkommt, dass er das hier alles schon mal mitgemacht hat. Viermal, um genau zu sein. In die Produktion können sie ihn jetzt jedenfalls nicht mehr stecken. Und falls doch, dann ist es keine Strafe, denn dahin sollen sie ja jetzt alle gehen. Und er, Hasso Grabner, war sogar schon da, in Gröditz, Bitterfeld, Stalinstadt, Leuna … Diesmal aber wird er nicht gehen, diesmal bleibt er sitzen, bleibt sitzen, lehnt sich zurück, steckt den Säbel weg – und schweigt.

In der Bezirksparteikontrollkommission hat man derweil die Kurzfassung von Hasso Grabners gesammelten Verfehlungen gelesen und ist dazu übergegangen, sich Gedanken über sein Verhalten zu machen.

»Er überschätzt sich.«

»Er kann die Klappe nicht halten und muss zurückhaltender werden.«

»Nach 1945 hat man ihn, ohne daß er ausgereift und fertig war, an solche Funktionen gestellt, wo er nie ein richtiges Maß zu seiner eigenen politischen Meinung kannte.«

Und an Hasso Grabner gewandt:

»Wir würden vorschlagen, daß du zu den Fakten Stellung nimmst.«

Aber Hasso Grabner nimmt keine Stellung, Hasso Grabner schaut die anderen nur an. In die Partei neuen Typs, das weiß er mit einem Mal, passt der Mensch alten Schlags nicht mehr rein.

Hasso Grabner könnte den Gedanken jetzt auf sich wirken lassen. Oder aufschreiben. Aber er gefällt ihm nicht. Und drucken tun sie ohnehin nichts mehr von ihm. Außerdem ist es kein schöner Gedanke. Viel zu fatalistisch für einen wie ihn. Und selbst wenn, die Bezirksparteikontrollkommission tagt in den Räumen des Schriftstellerverbands, da denkt man nicht an die Partei, da denkt man an Literatur!

Also denkt Hasso Grabner an ein Buch. An ein Buch mit einem sehr schönen Titel. Es heißt *Ein Bauer zeugt mit einer Bäuerin einen*

Bauernjungen, der unbedingt Knecht werden will. Aber das Buch ist noch nicht gedruckt. Es ist noch nicht mal geschrieben. Und wenn es dann doch mal geschrieben und gedruckt sein wird, dann wird es nicht von Hasso Grabner sein. Weil 1966 nicht 1968 ist. Und der Osten nicht der Westen. Und die auf der anderen Seite des Tisches ihn nicht weglassen und stattdessen reden und reden. Über ihn, Hasso Grabner, den urplötzlich Verschwiegenen.

»… aber wo liegen nun eigentlich bei ihm die Wurzeln für sein zwiespältiges Verhalten? Was ist seine richtige Meinung?«

»Die in der Lyrik, bei den offiziellen Gedichten, die ist in Ordnung.«

»Andererseits hat er hier eine Ideologie, die überhaupt nicht in Ordnung ist. Wo kommt der Widerspruch bei ihm her?«

»Hasso ist nicht freiwillig Schriftsteller geworden, sondern er ist seiner hohen Funktion beraubt worden, und um eine kleine Funktion anzunehmen, war er sich zu schade. Da er immer schon Gedichte gemacht hat, hat er sich sicher gesagt, das ist der neue Job.«

»Hasso verkauft nur seine Ware.«

»Er managt. Er muß immer Geschäfte machen.«

»Und so schlau ist er, um zu wissen, was verlangt wird.«

»Hasso schreibt solche Gedichte, von denen er nichts hält, wenn andere sie schreiben.«

»Er schreibt sie, weil sie gebraucht werden, aber ich glaube, wenn er dichten könnte, wie er wollte, würde ein sozialistischer Rilke rauskommen.«

»Er hat ja selbst gesagt, sein Lieblingsdichter ist Rilke.«

»Der ist doch gespalten.«

»Ich will damit begründen, daß ich ihn für einen hoffnungslosen Fall halte.«

»Er sitzt in seiner Ecke und grinst, wofür wir ihn nicht beim Kanthaken nehmen können.«

Und in der Tat, die Sitzung endet ohne Beschluss, denn die sieben tapferen Diskutanten können sich einfach nicht einigen, welche Parteistrafe Hasso Grabner denn diesmal kriegen soll. (»Ich bin gegen strenge Rüge oder Rüge, da lacht er uns nur aus.« – »Zurückstufung halte ich für ein ausgezeichnetes Mittel.« – »Eine Verwarnung erteilen!« – »Verwarnung finde ich ein bißchen zu wenig.«) Eines aber wissen sie genau: »Einig sind wir uns, daß er parteimäßig zur Verantwortung gezogen werden muß.« Und nehmen ihre MEGA-dicken Akten und stehen auf und wollen gehen, doch kommen sie nicht dazu, denn das ist der Moment, in dem Hasso Grabner ebenfalls aufsteht, sich den auf dem Tisch liegenden Fehdehandschuh schnappt und in der ihm eigenen Feierlichkeit ein paar Worte an die Mitglieder der Bezirksparteikontrollkommission richtet: »Wohin geht ihr? Skaten? Ich komm mit, ihr Ärsche.«

Ja, mit den Ärschen von der Bezirksparteikontrollkommission kann man skaten gehen, auch wenn die das im Nachhinein nicht wahrhaben wollen (»Hasso hat sich uns angeschlossen!«) und die Vorsitzende des Schriftstellerverbands, die sich von der Versammlung die Läuterung Grabners erhofft hatte, damit um den Verstand bringen. (»Wenn ich eine 4-stündige Parteiversammlung hinter mir hätte, wo es um mich ging, wäre ich hinterher nach Hause gegangen und hätte mir überlegt, welche Fehler ich gemacht habe, statt in die Kneipe zu gehen.«)

Hasso Grabner aber geht in die Kneipe. Er tut es, weil er die Einheitspartei, die ihn auf Linie bringen will, seit einer halben Ewigkeit kennt und um die Fehlbarkeit eines jeden ihrer Genossen weiß – und weil er ihnen die Schizophrenie, die sie alle beherrscht, an den Augen abzulesen vermag. Sie sitzen ihm schließlich direkt gegenüber, auf der anderen Seite des Tisches. Und wer einem gegenübersitzt, dem kann man ganz genau ins Gesicht schauen.

Aber was ist mit denen, die Hasso Grabner nicht sieht? Weil sie nicht auf der anderen, sondern auf seiner Seite des Tisches sitzen.

Oder kein Gesicht haben. Oder das seine tragen. Was macht Hasso Grabner mit denen? Was *kann* er mit denen überhaupt tun?

Hasso Grabners Überwachung durch die Staatssicherheit beginnt am 12. Oktober 1961. In der Abteilung V/1 der Bezirksverwaltung des Ministeriums für Staatssicherheit legt an diesem Tag ein auf den Allerweltsnamen Klaus Fischer hörender Stasi-Leutnant eine Akte an, der er den Titel »Schriftsteller« gibt und die er – in bester ostdeutscher Geheimdienstprosa – als »Gruppen-Operativ-Vorlauf« klassifiziert. Darin heißt es: »Die inoffiziellen Materialien und Hinweise berechtigen zu dem dringenden Verdacht, daß die operativ zu bearbeitenden Schriftsteller (freiberuflich) Lindemann, Bräunig, Bartsch und Grabner unserem Arbeiter-und-Bauern-Staat gegenüber feindlich eingestellt sind und die Hauptform ihrer feindlichen Tätigkeit in der politisch-ideologischen Diversion besteht.«

Zwölf Tage später formuliert Fischer in seinem Eröffnungsbericht das Ziel der Überwachung: »Da die 4 genannten Personen auf Grund ihrer negativen Haltung zur Partei und zu unserem Arbeiter-und Bauern-Staat in dringendem Verdacht stehen, nicht nur als Hetzer in Erscheinung zu treten, sondern vielmehr auf literarischem Gebiet politisch ideologische Diversion zu betreiben, wird vorgeschlagen, einen Gruppenvorgang über sie anzulegen und sie mit dem Ziel der Festnahme operativ zu bearbeiten.«

Der, der sie bearbeiten soll, heißt Heinz Callus, ist Informeller Mitarbeiter der Staatssicherheit und dem Namen nach eine harte Haut. Dass der Name ein Deckname ist, ist Teil der Geschichte, die Leutnant Fischer zu schreiben gedenkt. Callus' Aufgabe jedenfalls besteht darin, zu prüfen, »ob die im Vorgang erfaßten Personen als organisierte Gruppe in Erscheinung treten und eine gemeinsame Konzeption besitzen«.

Allein, das Einzige, was Grabner, Bräunig, Lindemann und Bartsch gemeinsam haben, ist ihre Ausbildung am Leipziger Literaturinstitut, wobei die Studienzeit des Querulanten-Quartetts schon eine Weile her ist und mehrheitlich zwischen 1955 und 1957 stattgefunden hat, in Grabners Fall sogar per Fernstudium, schließlich war er zu dieser Zeit hundertfünfzig Kilometer von Leipzig entfernt damit beschäftigt, die größte Baustelle der Republik zu leiten und das Kombinat »Schwarze Pumpe« aufzubauen, weshalb er für das Lernen vor Ort ebenso wenig Zeit hatte wie für das im Studienplan vorgesehene Praktikum in einem nahe gelegenen Braunkohlewerk.

Kein Wunder, dass der harthäutige Heinz nach drei Monaten Schnüffelei nicht viel Verwertbares in seinen schwieligen Händen hält und Leutnant Fischer in seinem Sachstandsbericht vom 29. Januar 1962 zugeben muss: »Die bisherige Bearbeitung der im Vorgang beschuldigten Personen ergab, daß es sich bei diesen Personen um keine einheitliche feindliche Gruppierung handelt.«

Ein Rückschlag, gewiss, doch hält der einen Leutnant Fischer nicht davon ab, weiterschnüffeln zu lassen. Damit Hornhaut-Heinz aber bei der Stange bleibt, wird er kurzerhand vom Informellen Mitarbeiter zum Geheimen Hauptinformator befördert.

Und Grabner? Der wird, während Bräunig am Literaturinstitut eine Dozentenstelle antritt, Bartsch mitsamt seiner Akte nach Berlin umzieht und Lindemann sich im Mai 1962 von der Stasi als Informeller Mitarbeiter anwerben lässt, aus dem Gruppenvorgang herausgelöst und bekommt von Leutnant Fischer eine eigene Akte verpasst. Statt »Schriftsteller« heißt er jetzt »Karrierist«.

Wie das Diversions-Drosselchen zum Singen gebracht werden kann, weiß der Stasi-Leutnant damit freilich noch immer nicht, und klar ist nur, dass ein Heinz allein nicht genügt, schon gar nicht, wenn man mit Grabner skaten gehen will, denn dafür bedarf es drei oder noch besser vier Leute (einer muss schließlich geben), doch sind die Ärsche von der Bezirksparteikontrollkommission anno 1962 raus bzw. noch gar nicht im Spiel, was heißt, dass sich Leutnant Fischer nach anderen umsehen muss.

Und siehe da, er findet welche. Und die sind von einem ganz anderen Kaliber. Keine plattgesessenen Tortenärsche wie die von der Bezirksparteikontrollkommission. Oh nein, was Leutnant Fischer angeschleppt bringt, sind runde Ärsche, knackige Ärsche, in einem Wort, Geheime-Informatorinnen-Ärsche!

Jetzt, im Sommer des Jahres 1962, werden gleich zwei davon auf Hasso Grabner angesetzt, schließlich hat dieser, wie Leutnant Fischer nicht ohne eine gewisse Genugtuung notiert, »1952 eine von ihm bis heute noch nicht anerkannte Parteistrafe wegen moralischer Verkommenheit« erhalten und ist auch sonst »in Beziehungen zum anderen Geschlecht sowie dem Alkohol haltlos«. Beste Voraussetzungen also, um den sektiererischen Skatbruder übers Reizen zum Singen zu bringen und so ganz nebenbei mal zu schauen, welche Karten dieser Falschspieler namens Grabner verdeckt weggelegt, das heißt in den Skat gedrückt hat.

Allein, es kommt – wie üblich – anders als gedacht, und der Einzige, der bei der ganzen Aktion was in den Skat drücken kann, ist Leutnant Fischer, denn der hat am Ende der Runde, im Dezember 1962, in seinem Sachstandsbericht nichts, aber auch gar nichts gegen Grabner in der Hand, was ihn freilich von seinem Verhaftungsvorhaben nicht abbringt, sondern dazu ermuntert, eine weitere Geheime Informatorin auf Grabner anzusetzen, die ihn zum Offenlegen der Karten bringen soll, »nötigenfalls unterstützt durch die Aufnahme intimer Beziehungen«. Mit anderen Worten: Quodlibet. Offene Hose.

Die Frau, die eigens aus Karl-Marx-Stadt nach Leipzig bestellt wird, nennt sich »IM Wolf« und frisst nur deshalb Kreide, weil die Stasi Hunger hat.

Was wie eine Ironie der Geschichte klingt, ist in Wahrheit gar keine, und falls doch, dann ist es nicht die entscheidende, denn die liegt elf Jahre zurück …

Damals, im Oktober des Jahres 1951, hatten die SED-Oberen in Leipzig den Stahlkönig (und Weiberheld) Hasso Grabner ganz offen mit der Möglichkeit einer Kontaktaufnahme durch weibliche Agenten konfrontiert und ihn davor gewarnt. Mit einem Unterschied: Damals befürchtete man in der Partei, die Agentinnen würden aus dem Westen kommen und Grabners Empfänglichkeit für die eine oder andere Affäre ausnutzen, um an brisante Informationen zu gelangen. Also stellten ihn die Kaderköpfe zur Rede. (»Du hast doch eine wichtige Funktion. Was wird der Gegner tun?«) Nur führte das im Falle von Grabner zu nichts, denn der wusste, was gespielt wird – und war sich seiner Sache sicher wie immer. (»Ich weiß, der Gegner wird versuchen, mir eine Agentin in den Weg zu schicken. Hat er nicht getan.«)

Jetzt aber, elf Jahre später, sind die Agentinnen da, auch wenn sie nicht aus München oder Hamburg, sondern aus Leipzig und Karl-Marx-Stadt kommen. Aber das ist im Grunde nur konsequent, schließlich hat der »Gegner« auch das Lager gewechselt und sitzt jetzt im eigenen.

Und doch gibt es etwas, das von der Ironie der Geschichte unbeeindruckt geblieben ist – und das ist Hasso Grabners große Klappe. Selbst beim Verhör durch die Genossen kriegt er sie einfach nicht zu …

»… ein solches Verhältnis, daß ich in sexueller Beziehung in ein Abhängigkeits- und Hörigkeitsverhältnis komme, ist unmöglich!«

»Hast du die Frauen alle so genau gekannt?«

»Nein.«

»Welche Kontrolle hast du, wenn sie auch nur zwei Tage im Westen oder West-Berlin verbringen?«

»Gar keine, ich habe aber auch keine in der DDR.«

»Das ist etwas anderes, in der DDR haben wir unsere Sicherheitsorgane.«

Die Sicherheitsorgane. Die Stasi. Die, die Grabner jetzt, elf Jahre später, selbst die Weiber reihenweise auf den Pelz hetzt. Sie tut es, weil ihr Grabners Pelz nicht rot genug ist. Oder den falschen Rot-Ton trägt. In den Augen von Leutnant Fischer geht er sogar schon ein wenig ins Braune, immerhin hat sich Grabner in Buchenwald von den Genossen abgekapselt und eine Sonderrolle erschlichen … Aber das reicht dem Stasi-Leutnant noch nicht, denn er weiß: Dieser Grabner hat ein dickes Fell, das lässt er sich nicht so einfach über die widerborstigen Ohren ziehen. Also färbt der Stasi-Leutnant das Fell mit seinen Worten noch ein bisschen ein. Wenn es braun genug ist, denkt er sich, kann es dieser Grabner nämlich behalten, dann ist das Spiel für ihn aus und vorbei.

Und so notiert Leutnant Fischer im Oktober 1962:

»Grabner diskutiert mit Vorliebe im Beisein Parteiloser negativ. So negiert er beispielsweise die unmenschlichen Zustände im KZ Buchenwald und verharmlost die Geschehnisse im Strafbataillon 999. Darüber hinaus avancierte er im Strafbataillon zum Gefreiten und bekam das Eiserne Kreuz II. Klasse verliehen.«

Es ist das alte Spiel. Die einen machen Geschichte und die anderen schreiben sie um. Und so wird aus dem in die Wehrmachtsuniform gepressten Kommunisten Hasso Grabner ein von den Nazis dekorierter Soldat und aus dem Buchenwald-Häftling Nr. 5334 ein Buchenwald-Leugner. Dabei hatte Grabner bereits wenige Monate nach dem Krieg in einer von der Leipziger KPD herausgegebenen Broschüre über die grausamen Zustände im Lager berichtet und einem seiner Mithäftlinge, dem von den Nazis gefolterten und 1939 mit einer Überdosis Strophanthin ermordeten Pfarrer und Widerstandskämpfer Paul Schneider, ein literarisches Denkmal gesetzt.

Von widerständischen Pfarrern aber will man jetzt, im Oktober 1962, in der DDR nichts mehr wissen, schon gar nicht, wenn es um das KZ Buchenwald geht, dessen Baracken laut offizieller Parteilinie mit kommunistischen Heroen vollgestopft waren, die im April '45 aus eigener Kraft die Nazis vertrieben, anschließend einen sozialistischen Superstaat gründeten, danach durch Inanspruchnahme ihrer heldenhaft zu Hause ausharrenden Frauen Millionen kleiner antifaschistischer Widerstandskämpfer zeugten und, als diese groß genug waren, aus ihnen eine volkseigene Armee formten, deren Kampfgruppen sich auf dem KZ-Gelände einen eigenen Schießplatz bauten, Ort der Bewährung für zukünftige Heldentaten …

Kein Wunder, dass man in der DDR von »Schwulen, Zigeunern und Wehrdienstverweigerern« im KZ Buchenwald nichts wissen wollte.

Jetzt aber, am 23. September 2014, laufen, in einem unscheinbaren Zimmer des Lagerarchivs, die Geschichten zusammen, beginnen ihre Linien, große wie kleine, zu konvergieren, und mir wird klar, dass Grabner deshalb immer nur unheldische oder sogar komische Geschichten aus Buchenwald erzählt hat, weil er sich nicht instrumentalisieren lassen wollte. Wer einmal gesehen hat, wie ein Freund monatelang Karren voll Scheiße übers KZ-Gelände gezogen hat und daran verreckt ist, der hat keine Lust, sich vor irgendeinen Karren spannen zu lassen, scheißegal, ob der braun oder rot, ob es 1939 oder 1962 ist.

Aber es gibt noch einen anderen Grund für Grabners Verhalten: Pragmatiker, das wird mir erst jetzt so richtig bewusst, sind von Natur aus keine Mythologen. Es ist also nur folgerichtig, dass Hasso Grabner nichts Heldisches daran findet, von den Nazis besiegt worden zu sein. Außerdem, so erklärt er im Mai '65, während er in Buchenwald eine Delegation ausländischer Schriftsteller übers Lagergelände führt, habe er »Glück gehabt, in einem Nazi-Konzentrationslager gelandet zu sein und nicht in einem sowjetischen Gefängnis oder Lager«. In Buchenwald war die Sache nämlich wenigstens klar: Die Nazis hatten die Kommunisten besiegt und behandelten sie wie Feinde, und das heißt: naturgemäß schlecht. Wie aber, so fragt Grabner sich und die Seinen in aller Offenheit, muss es »jenen deutschen Genossen ergangen sein, von den russischen gar nicht zu reden, die in russischen Gefängnissen und Lagern von den eigenen Leuten gedemütigt und umgebracht« worden sind?

Worauf Grabner anspielt, ist allen Beteiligten klar: Das KZ Buchenwald hatte auch nach 1945 weiterbestanden und war bis 1950 von den Sowjets als Speziallager benutzt worden, in dem Zehntausende »Feinde« des im Aufbau befindlichen Arbeiter- und Bauern-Staates interniert waren. Über 7000 von ihnen starben in Haft. In den Verlautbarungen, Denkmälern und Erinnerungsschriften der Nationalen Mahn- und Gedenkstätte aber findet sich davon im Mai '65, als Grabner das Lager besucht, kein Wort.

Und die Stasi? Die ist in Buchenwald ausnahmsweise mal nicht mit von der Partie und muss sich eingestehen, dass die bisherigen Informationen für eine Verhaftung Grabners nicht ausreichen. Was also kann Leutnant Fischer tun? Die Stasi-Bezirksverwaltung in Karl-Marx-Stadt um neue Knackärsche bitten? Noch einen Hornhaut-Heinz engagieren? Das Skat-Spielen verbieten?

Derjenige, der Leutnant Fischer zu Hilfe kommt, ist – Hasso Grabner selbst. Oder besser gesagt: dessen große Klappe. Nachdem Grabner auf einer Parteiveranstaltung in Leipzig seinem Erzfeind Paul Fröhlich direkt ins Gesicht erklärt hat, die Literatur habe immer die

Mächtigen angegriffen, und das sei auch und gerade im Sozialismus ihre Aufgabe, wird er im Dezember 1965 auf der XI. Tagung des Zentralkomitees der SED von ebenjenem Paul Fröhlich an den politischen Pranger gestellt und offiziell zum unliebsamen Autor erklärt.

Dem Kahlschlag-Plenum fällt neben Grabner auch sein Schriftsteller-Kollege Werner Bräunig zum Opfer. Auf dem Rummelplatz der Literatur werden beide von den selbsternannten Hütern der sozialistischen Moral aus dem Karussell geworfen.

Und so endet das Jahr 1965, und obwohl Hasso Grabner seiner Verhaftung entgehen konnte, ist seine Stasi-Akte mittlerweile so dick geworden, dass es Leutnant Fischer zweckmäßig erscheint, einen Teil des gesammelten Materials »der Bezirksleitung der SED zur Auswertung zur Verfügung zu stellen«.

Was folgt, ist bekannt: Bezirksparteikontrollkommission, stundenlanges Verhör, beredtes Säbelgerassel, noch beredteres Schweigen. Offiziell keine Strafe, inoffiziell Publikationsverbot. Die anschließende Skatrunde ändert daran nichts. Hasso Grabner, so scheint es, hat sich überreizt.

Zumindest politisch. Privat dagegen hat er sein Glück gefunden, denn die junge Frau, die er beim Zirkel schreibender Arbeiter in Leuna kennengelernt hat, erwartet ein Kind von ihm. Es ist ein Junge. Vor über dreißig Jahren war Hasso Grabner schon mal Vater geworden. Damals hatten ihn Zuchthaus, KZ und das Strafbataillon daran gehindert, seinen Sohn aufwachsen zu sehen. Diesmal dagegen scheint alles zu klappen. Bis ein Scheidungsrichter auf den Plan tritt.

Weil Hasso Grabner noch immer verheiratet ist, versucht er sich 1968 scheiden zu lassen. Weil es in der DDR laut Partei aber »unverrückbare Maßstäbe der Ethik und Moral, des Anstands und der guten Sitten« gibt, lehnt der zuständige Richter den Scheidungsantrag nicht nur ab, sondern fordert Hasso Grabner darüber hinaus auf, die »unmoralische Beziehung« zu der jungen Dame zu beenden und zu seiner Ehefrau zurückzukehren.

Aber Hasso Grabner will nicht zurück, Hasso Grabner will bleiben. Also teilt er der Bezirksleitung der SED mit, er habe nach dem Ende des Krieges »nie wieder den richtigen Kontakt zu meiner Frau und zur Familie« gefunden und sei, wenn überhaupt, nur als »Schlafbursche« zu Hause gewesen.

Und damit es die vor lauter leninistischer Lustfeindlichkeit (»Die Revolution fordert Konzentration, Steigerung der Kräfte. Sie duldet keine orgiastischen Zustände.«) schon ganz grau gewordenen Kaderköpfe auch verstehen: »Vor rund zehn Jahren lernte ich eine Frau kennen, die meinen Vorstellungen von einer Lebensgefährtin entsprach. Ich habe das lange geprüft. Nach vier Jahren war ich mir sicher.«

Die Liebe, das weiß jedes Kind, ist der Grundstoff einer solchen Beziehung. Die sozialistische Ideologie aber, das zeigt sich an Hasso Grabners Worten, zwingt ihn dazu, sich in dieser Form über sie zu äußern.

Und doch, es ist die Liebe, die Hasso Grabners Leben im Jahr 1968 bestimmt. Obwohl es ein seltsames Gefühl ist: Liebe. Während sie um ihn herum den Aufstand proben, in der BRD die Studenten und in der ČSSR das ganze Volk protestiert. Aber was kann Hasso Grabner tun? Und vor allem: Was tut er tatsächlich? Die Stasi weiß wie immer Bescheid:

»In Leipzig wurde die konterrevolutionäre Entwicklung in der ČSSR besonders von den Schriftstellern Erich Loest, Hasso Grabner, Helmut Richter und Fabian in privaten Zusammenkünften lebhaft begrüßt und ihre Übertragung auf die DDR gewünscht bzw. gefordert.«

Aber die Übertragung findet nicht statt, und auch sonst scheitern die Revolutionen. In der ČSSR endet die Hoffnung auf einen Sozialismus mit menschlichem Antlitz in den Radkästen sowjetischer Panzer, derweil in der BRD die wache Revolution der Studenten und die geträumte der Schriftsteller und Künstler einen Scherbenhaufen produziert, allerdings nicht im Spiegelpalast des Kapitalismus, sondern im Glashaus des eigenen Lagers, und das Einzige, was Hasso Grabner am Ende dieses Annus mirabilis namens 1968 bleibt, ist die Liebe – und die Literatur.

Die Zelle, sein autobiografisch gefärbter Roman über eine kommunistische Widerstandsgruppe in einer Leipziger Maschinenfabrik während der NS-Zeit, erscheint in einer Auflage von 10.000 Stück. Einwände seitens der Partei gibt es diesmal keine. Laut Gutachten ist das Buch »eindeutig bewußtseinsbildend – parteilich geschrieben«. Doch damit nicht genug. Noch im selben Jahr, im Herbst '68, erscheinen zwei Neuauflagen von Grabners bereits 1966 veröffentlichtem Weltkriegsroman *Geheimsache Norsk Hydro*, der in den kommenden Jahren nicht nur ins Polnische, sondern auch ins Bulgarische und Tschechische übersetzt werden wird und auch dort zahlreiche Auflagen erlebt.

Es ist Teil dieser immer wieder ins Schizophrene abdriftenden Groteske, dass das Gros von Grabners Büchern im Deutschen Militärverlag veröffentlicht wird, dem offiziellen Publikationsorgan der Nationalen Volksarmee der DDR. Als Grabner zu schreiben beginnt, finden seine Erzählungen dort einen Platz, weil sie von seiner Zeit im Strafbataillon handeln und thematisch ins Programm passen. Als Grabner 1965 infolge seiner Kritik an der SED nichts mehr publizieren kann, rettet ihn der direkte Draht zum Verlagsleiter. Die beiden haben dreißig Jahre zuvor zusammen im Zuchthaus Waldheim gesessen – und eine solche Verbindung hält ein Leben lang.

1967 schließlich erscheint im Militärverlag Grabners Erzählung *Abrechnung mit dem Teufel* in einer Auflage von 125.000 Stück. Jetzt aber, im Winter des Jahres 1968, macht der Teufel seine Abrechnung mit ihm – und diesmal kann Hasso Grabner nichts, aber auch gar nichts dagegen tun.

Hasso Grabner, der Schriftsteller, hat Leipzig verlassen und ist mit seiner neuen Familie in ein marodes Haus irgendwo ins Brandenburgische gezogen, auf eine Insel im Fluss. Die Leute vor Ort nennen das Haus die »Judenburg«, da es von einem jüdischen Anwalt erbaut worden ist, doch hat es später einem Schriftsteller gehört, der darin – welch seltsame Spiegelung – mit seiner jungen Frau mit zwei kleinen Kindern wohnte. Aber auch er blieb nicht lange. Als die Nazis an die Macht kamen, wurden die Einwohner aufgewiegelt, das Haus zu attackieren. Als Hasso Grabner fünfunddreißig Jahre später einzieht, kleben die von den Steinwürfen zersprungenen Fliesen noch immer im Bad an der Wand.

Die Insel im Fluss ist ein Ort der stillen Übereinkünfte. Von dem Tag an, an dem die Neuankömmlinge von den Einheimischen zum ersten Mal gesichtet werden, steht für die Leute fest, dass der fast sechzigjährige Herr im Haus ein gut verdienender Autor sein muss und die junge Frau an seiner Seite nur auf sein Geld aus sein kann. Aber Hasso Grabner ist pleite. Und die junge Frau an seiner Seite erwartet kein Geld, sondern ein zweites Kind von ihm.

In einem Wort: Die Lage ist freudig-beschissen, und die Bücher, an denen Grabner in dem maroden, nasskalten Haus unablässig arbeitet, bringen trotz hoher Auflagen kein hohes Honorar, zumindest keines, das hoch genug ist, um den Schuldenberg aus den Magerjahren zuvor abzutragen.

Aber so ist das nun mal: Er, der für gewöhnlich den Schalk im Nacken hat, hat jetzt, anno 1968, die Schizophrenie im Gesicht, und als Hasso Grabner eines Morgens in den Spiegel blickt, da kann er die, die sie alle beherrscht, an seinen eigenen Augen ablesen.

Und so verfasst Hasso Grabner, der Revolutionsbefürworter, der die Übertragung des tschechoslowakischen Weges auf die DDR propagiert, im Dezember '68 drei gut bezahlte Kommentare für Radio Moldau, ebenjenen Propagandasender, der den »Prager Frühling« verdammt und den Einmarsch der Truppen des Warschauer Pakts in die ČSSR rechtfertigt. Mit dem Geld, das er bekommt, tilgt Hasso Grabner die Schulden. Die eigene, das weiß er, kann er damit nicht abtragen. Wer seine Abrechnung mit dem Teufel macht, hat am Ende immer noch etwas zu zahlen.

Hasso Grabner ist jetzt siebenundfünfzig Jahre alt. Er hat den Gedanken, dass es die Aufgabe seiner Generation sei, die Welt zu erlösen, inzwischen aufgegeben. Der einzige Ort, an dem er noch zu finden ist, sind seine frühen Gedichte. Zehn Jahre ist es her, dass sie publiziert worden sind. Zehn Jahre, aus denen die Geschichte eine Ewigkeit gemacht hat. Von Erlösung jedenfalls nirgends eine Spur. Das Ende der Geschichte hockt hinterm Horizont und lacht sich 'nen Ast. Das eigene dagegen rückt immer näher.

Hasso Grabners Gesicht ist schmal geworden. Und die Haare grau. Und auch das Herz, das linke, schlägt bereits im Stolpertakt. Höchste Zeit, die junge Frau an seiner Seite zu heiraten.

Weil der Scheidungsrichter aber noch immer kein Einsehen hat, muss Hasso Grabner noch zwei Jahre warten. Dann stirbt seine Ehefrau. Achtunddreißig Jahre war er mit ihr verheiratet. Gesehen aber hat er sie nur selten. Erst waren es das Zuchthaus, das KZ und das Strafbataillon, die ihn davon abhielten, dann war es die Arbeit und schließlich – die Liebe. Zum Schluss aber hat die Zeit die Verbindung, die er nicht kappen konnte, auf ihre Weise gekappt.

Als Hasso Grabner im Dezember 1972 während eines Familienurlaubes in Bad Saarow (»am Scharmützelsee«) spontan zur örtlichen

Standesbeamtin marschiert und ihr erklärt, am nächsten Tag heiraten zu wollen, weiß er, dass er nicht mehr lange zu leben hat. Was er dagegen nicht weiß, ist, dass man in der DDR nicht einfach so von einem Tag auf den anderen heiraten kann. Schon gar nicht, wenn man es an einem Ort zu tun gedenkt, der nicht der eigene Wohnort ist. Aber was soll Hasso Grabner machen? In dem Ort, in dem er wohnt, halten ihn alle schon für verheiratet. Und Zeit hat er keine. Zumindest keine vier Wochen, wie es die Standesbeamtin verlangt. Weil Hasso Grabner aber ein Sturkopf ist und die Standesbeamtin den alten Mann und die junge Frau, die er zwecks Beglaubigung und Untermauerung seines Wunsches mitgebracht hat, möglichst bald wieder los sein will, räumt sie dem seltsamen Paar die Möglichkeit einer »sozialistischen Eheschließung« ein. Eine solche, erklärt sie, ließe sich binnen zehn Tagen bewerkstelligen, Voraussetzung sei aber die Anwesenheit eines Betriebskollektivs, eine Rede des Brigadiers und eine Genehmigung vom örtlichen SED-Kreisrat.

In einem Wort: Die Lage ist aussichtslos. Andererseits, war sie das nicht schon immer? Damals, in den albanischen Bergen? Als zum Stahlkönig einer ganzen Besatzungszone gemachter Buchhandelsgehilfe? Als Braunkohleprinz? Als Lyriker mit neun verkauften Exemplaren?

Hasso Grabner legt sofort los.
Der örtliche Kreisrat legt keinen Einspruch ein.
Die junge Frau an seiner Seite legt alle gesundheitlichen Bedenken beiseite.

Kaum dass Grabner die Genehmigung des Kreisrates hat, schreibt er einigen Freunden in einem nahe gelegenen Stahlwerk einen Brief und bittet darum, ihr Kollektiv für seine Eheschließung ausleihen zu dürfen. Weil einer der Freunde mittlerweile zum Generaldirektor aufgestiegen ist und – na klar – mit Hasso Grabner in Buchenwald gesessen hat, schickt er nicht nur das gewünschte Kollektiv, sondern kommt auch gleich selbst mit. Da kein Brigadier dabei ist, wird zum Halten der sozialistischen Rede flugs ein Schauspieler engagiert. Da dieser beim Anblick der seltsamen Hochzeitsgesellschaft aber kalte Füße bekommt, zieht Hasso Grabner kurzerhand die Buchenwald-Karte und bittet den Generaldirektor (»Wir haben schon ganz anderes durchgestanden. Also laß mich jetzt nicht hängen.«), eine Rede zu halten. Irgendeine.

Und der Generaldirektor redet. Von Hasso Grabner, dem rastlosen Stürmer und Dränger, der, immer begleitet von der Partei, einen langen Weg der sozialistischen Entwicklung hinter sich habe, die nun in einer sozialistischen Eheschließung ihren krönenden sozialistischen Abschluss finde.

Da bis auf die Standesbeamtin alle wissen, was hier gespielt wird, wird die Zeremonie schon bald zu einer göttlichen Komödie, deren einzig wahrhaft sozialistischer Akt das Unterzeichnen der in einer tiefroten Mappe liegenden Eheurkunde ist.

Eigentlich könnte Hasso Grabner jetzt in Ruhe sterben. Und nach Ansicht der Ärzte müsste er es auch tun. Allerdings denkt Hasso Grabner gar nicht daran. Hasso Grabner, der Pragmatiker mit dem Hang zur fröhlichen Schizophrenie, geht lieber zu einem Heilpraktiker, hat nach einer Weile das Gefühl, dass der Mann mit seinen Ansichten, Mitteln und Geräten aus einer irrationalen, wissenschaftslosen und überhaupt reichlich unaufgeklärten Zeit stammt, muss, während das Pendel vor ihm hin und her schwingt, an seinen alten kommunistischen Bildungsfimmel denken, lächelt milde, weiß nicht, worüber, bekommt ein paar Tropfen verschrieben – und wird wieder gesund.

Zumindest gesund genug, um weiterschreiben zu können. Bereits 1969 hatte er, völlig unerwartet, für seinen Roman *Anka und der große Bär* den Jugendbuchpreis des Ministeriums für Kultur der DDR bekommen und im selben Jahr auch den Theodor-Fontane-Preis für Kunst und Literatur erhalten. 1970 dann hatte er seinen Roman *Die*

Zelle überarbeitet und gekürzt, 1971 *Das Schiff im Dunkeln* geschrieben und sich unmittelbar danach an sein *Makedonisches Duell* gemacht, das jetzt, im Jahr 1973, erscheint. Doch der Schreibtisch ist Hasso Grabner, dem ewig Rastlosen, nicht genug – und deshalb reist er im Februar 1974 nach Bangladesch.

Eingeladen hat ihn der dortige Schriftstellerverband. Weil die Behörden in der DDR aber wissen, dass einer wie Hasso Grabner selbst in einem asiatischen Armenhaus macht, was er will, wird ihm zunächst das Visum verweigert. Weil sich aber kein anderer Autor findet, der nach Bangladesch reisen und dort die DDR vertreten möchte (und Grabners Frau Asienwissenschaftlerin ist), wird dem Antrag schließlich doch noch stattgegeben.

Der befürchtete Ärger bleibt dann auch aus. Zumindest bis zum letzten Tag der Reise, an dem Grabner in der Botschaft der DDR in Dhaka eine Lesung halten soll. Da am Vortag der russische Schriftsteller Alexander Solschenizyn wegen der Veröffentlichung seines *Archipel Gulag* aus der Sowjetunion ausgewiesen worden ist, fühlt sich der DDR-Botschafter in der Pflicht, das Vorgehen der russischen Freunde zu rechtfertigen, und bittet auch Grabner um eine Stellungnahme. Er hätte es besser wissen müssen …

Kaum dass man ihm das Wort erteilt hat, erklärt Grabner, Urteilen, in denen Menschen als Abschaum, Feinde der sozialistischen Entwicklung und Agenten des Imperialismus bezeichnet werden, generell keinen Glauben zu schenken, nicht nur, weil er, der überzeugte Kommunist, selbst eine Reihe von Parteistrafen bekommen hat, sondern weil er, genau wie Solschenizyn, in einem Lager interniert war und es ihm nicht anstehe, an dem, was dieser schreibe, zu zweifeln.

Stille im Raum. Keiner traut sich etwas zu sagen. Und auch der Botschafter schweigt.

Zurück in der DDR macht Grabner im örtlichen Schriftstellerverband weiter, wo er in Bangladesch aufgehört hat, woraufhin erst der für die Autoren zuständige SED-Funktionär und schließlich der Vorsitzende der Vereinigung für Verfolgte des Naziregimes in der »Judenburg« auftauchen. Weil Grabner nicht zu Hause ist, warnen die Funktionäre seine Frau und erklären, dass ihr Mann sich nicht länger auf seiner Vergangenheit als Widerstandskämpfer ausruhen könne, denn die schütze ihn fortan nicht mehr.

Kurz darauf, im Herbst 1974, reist Grabner in die BRD, um einen Freund zu besuchen. Als er zurückkommt, wird er an der Grenze gestoppt, sein Leib visitiert und das Auto, in dem er sitzt, in sämtliche Teile zerlegt. Sechs Stunden dauert die Inspektion, dann haben die Zöllner, was sie suchen: Bücher von Hannah Arendt, Rosa Luxemburg und – Solschenizyns *Archipel Gulag*.

Für die Grenzer ist die Sache damit klar: Einfuhr imperialistischen Schriftguts. Hasso Grabner aber protestiert. Gegen die Verleumdung dieser Autoren. Gegen die Vorschriften, was er lesen dürfe und was nicht. Und dagegen, dass man einem wie ihm, der jahrelang bei den wirklichen Imperialisten im Zuchthaus und im KZ gesessen hat, die Bücher nicht zurückgibt. Er jedenfalls werde sich persönlich ans Politbüro wenden und seine Bücher zurückbekommen!

Doch Hasso Grabner bekommt seine Bücher nicht zurück. Hasso Grabner bekommt – na klar – eine Einladung zur Bezirksparteikontrollkommission.

Eigentlich könnte er jetzt schon mal das Skatblatt rausholen. Aber Hasso Grabner wohnt nicht mehr in Leipzig, sondern im brandenburgischen Niemandsland – und hier findet sich keiner zum Skaten. Was sich dagegen sehr wohl findet, sind die üblichen Ärsche. Und doch ist jetzt etwas anders, hat sich die Qualität des Verhörs allein schon durch die Jahre verschoben. Die Mitglieder der Bezirksparteikontrollkommission, das sieht Hasso Grabner bereits bei der ersten Begegnung, sind allesamt eine Generation jünger als er.

Es ist Oktober im Jahr '74. Fünfundzwanzig Jahre ist die DDR jetzt alt. Eine Vierteljahrhundert-Republik. Ein Augenblicks-Reich. Und doch Zeit genug, die alten, in der Weimarer Republik geborenen und im Widerstand gegen die Nazis an ihren Überzeugungen gewachsenen Kommunisten auszuschalten, sie loszuwerden. Biologische Beendigung. Soziale Selektion. Es tut nichts zur Sache. Die, die so lange ihre Hände schützend über Grabner gehalten haben, haben jetzt nichts mehr zu sagen – und werden es auch nie wieder tun. Sogar Fritz Selbmann, der Freund, der Knastbruder, der Schwerminister, der, der für den Spatenstich in der »Schwarzen Pumpe« die Planierraupe nahm und so groß und mächtig war, dass sein Arm von Leipzig bis nach Dresden und wieder zurück reichte, sogar dieser Fritz Selbmann liegt jetzt im Sterben.

Unauslöschlich (und sich ewig verjüngend) sind nur die Institutionen. Die Bezirksparteikontrollkommission jedenfalls fordert Hasso Grabner im Dezember '74 zur Selbstkritik auf. Weil Grabner den Besitz der Schriften von Luxemburg, Solschenizyn und anderen aber alles andere als kritikwürdig findet und nach wie vor auf der Rückgabe seiner Bücher beharrt, wird er von der Liste derjenigen Genossen, die sich im Widerstand gegen die Naziherrschaft besonders verdient gemacht haben, gestrichen und am 8. Mai 1975 von der Partei nicht zu den entsprechenden Feierlichkeiten eingeladen.

Auf die drei Pfund Räucheraal, die jeder der nunmehr offiziell verdienten Widerstandskämpfer dort geschenkt bekommt, verzichtet Grabner allerdings gern. Sie kosten, so sagt er, 30 Silberlinge pro Portion – und er hat seine Rechnung mit dem Teufel schon gemacht.

Die mit der Partei steht allerdings noch aus, denn die Institutionen sind nicht nur unauslöschlich und sich ewig verjüngend, sie vergessen auch nichts, und im Februar 1976 bekommt Hasso Grabner die nächste Vorladung der Bezirksparteikontrollkommission präsentiert.

Aber so ist das nun mal. Die Geschichte wiederholt sich nicht, sie wechselt nur nicht gern die Klamotten. Zieht sich am liebsten überhaupt gar nicht aus. Klio, denke ich mir, lässt ihre Kleider einfach an. Es sind schwarze Kleider. Rote Kleider. Weiße Kleider. Kleider zum Trauern. Kleider fürs Lustspiel. Kleider für die Reinheit der Epigonen.

Der Februar 1976 jedenfalls ist wie der zwanzig Jahre zuvor. Schneestürme. Einbrechende Temperaturen. Russischer Winter. Sibirischer Schock. Nichts geht mehr im brandenburgischen Niemandsland. Das Einzige, das läuft, ist das Kombinat »Schwarze Pumpe«. Hasso Grabner indes liegt still in seinem Bett. Eine Lungenentzündung hält ihn gefangen, und der langsam absterbende Herzmuskel gibt ihm den Rest.

Als er im März vor die Bezirksparteikontrollkommission tritt, ist die Lage aussichtlos. Aber das war sie im Grunde ja immer. Und er, Hasso Grabner, hat es noch jedes Mal geschafft. Und hat dabei sogar noch Auszeichnungen, Orden und Preise erhalten. Jetzt aber, bei den Sesselfurzern von der BPKK, ist die Reise zu Ende. Hier gibt es nichts zu gewinnen, und die einzige Chance, aus dem auf allen vier Seiten mit Holzimitat ausgekleideten Zimmer rauszukommen, besteht für Hasso Grabner darin, sein eigenes Leben in die Waagschale zu werfen.

Hasso Grabner legt sofort los. Hasso Grabner legt sein ganzes irrwitziges Leben dar – und sich am Ende mit der Bezirksparteikontrollkommission an. Und warum auch nicht? Die Auseinandersetzungen mit der Partei gehören schließlich dazu, und Hasso Grabner hat zur Aussprache nicht umsonst ein Zitat von Rosa Luxemburg mitgebracht, eines, das von Presse-, Wahl- und Redefreiheit handelt und feierlich erklärt, dass ein Staat, der seinen Bürgern vorschreibe, was sie lesen, sagen und denken dürfen, eine Diktatur sei, allerdings nicht die des Proletariats, sondern die seiner politischen Führer.

Was folgt, ist ein letztes großes Theater.

Niemals, schreit der Bezirksparteikontrollkommissionvorsitzende, werde er solche Anschuldigungen dulden. Niemals werde die imperialistische Schmutz- und Schundliteratur die DDR überschwemmen. Und überhaupt habe Rosa Luxemburg niemals so etwas gesagt.

Hasso Grabner könnte jetzt sein konfisziertes Buch verlangen und die entsprechende Stelle zitieren. Oder – wie damals in Leipzig – einfach nur dasitzen und schweigen. Aber Hasso Grabner holt lieber ein letztes Mal den Säbel raus, wischt mit der Spitze den Fehdehandschuh vom Tisch und erklärt, er habe zu einer Zeit, als der Herr Bezirksparteikontrollkommissionvorsitzende noch in die Windeln geschissen habe, sein Leben riskiert, und zwar für die kommunistische Sache, und deshalb habe er, der Herr Bezirksparteikontrollkommissionvorsitzende, weder das Recht, ihm zu sagen, was er zu tun und zu lassen habe, noch die Autorität, ihn aus der Partei rauszuschmeißen.

Für weitere Worte, das weiß er, bleibt keine Zeit. Also öffnet er die hinter ihm liegende Tür, tritt ins Freie und geht.

In den Lücken der Überlieferung – das Glück

Der Weg aus dem Buch raus
ist der Weg ins Buch rein.

I

Ich bin mir nicht sicher, aber ich glaube, so könnte es beginnen. Mit einem Nachwort, das in Wahrheit die Vorgeschichte ist. Eine kleine Spurensuche am Ende des Buches. Eine Detektivgeschichte zum Schluss. Die Erzählung des verborgenen Anfangs der Story.

Ja, so könnte es beginnen, wobei ich gar nicht so tun will, als hätte ich nach Hasso Grabner gesucht. Wie auch?! Ich hatte nicht ein einziges seiner Werke gelesen. Ich wusste nichts über ihn. Ich wusste nicht mal, dass ein Mann namens Hasso Grabner existiert.

Eigentlich wollte ich ein Buch über vergessene Dichter schreiben, Dichter, die mal bekannt waren, aber dann irgendwie ins große Zahngestänge der Zeit geraten und als Vergessene wieder rausgekommen sind. Das heißt, eigentlich nicht wieder rausgekommen sind. Und falls doch, dann nur als Zermalmte.

Zumindest habe ich mir das so vorgestellt: Ein Buch mit Geschichten von Dichtern, an die sich niemand mehr erinnert, eine Art Telefonbuch für Nicht-mehr-Erreichbare. Ein Malm- und Mampfbuch, geschrieben von der Zeit und nacherzählt von mir.

Das sollte es werden – und es fing auch gut an. Zumindest hatte ich, bevor ich auf Hasso Grabner stieß, schon drei passende Kandidaten gefunden. Einen tschechischen Dichter, den man in ein Irrenhaus gesteckt und dort vergessen hatte. Einen englischen Lyriker, der in seiner eigenen Wohnung verloren gegangen war. Und einen südafrikanischen Poeten, von dem man nicht einmal mehr wusste, ob er weiß oder schwarz gewesen war.

Das war für den Anfang nicht schlecht, allerdings sagte mir der Blick auf meine Auswahl, dass ich, wenn ich so weitermachte, zwar ein paar Dichter vorm Vergessen bewahren, dafür aber auch die Verkaufszahlen meines Buches vergessen könnte. Denn eines war klar: Mit einem verrückten Tschechen, einem stubenhockerischen Engländer und einem Was-weiß-ich-Afrikaner war hierzulande kein Staat zu machen. Weil: Wenn die Leute in anderen Ländern ihre Dichter vergessen, dann ist das zwar ganz schön (oder schlimm), aber schöner (das heißt schlimmer und damit dann doch wieder schöner) ist es, wenn auch die Leute im eigenen Land jemanden vergessen haben – und dann wieder an ihn erinnert werden.

Allerdings war Vergessen-Sein nur eines der Kriterien, die es zu erfüllen galt, schließlich wollte ich kein Buch über Dichter schreiben, die sich mit Versen, Verlegern und Verben rumplagten. Ich wollte über Dichter schreiben, die was erlebt und den Kampf mit dem großen Zahngestänge der Zeit aufgenommen hatten. Und zwar nicht nur mit dem Füller in der Hand, sondern mit Waffen aller Art. Salonlöwe statt Papiertiger! Fesselkünstler statt Sesselfurzer! Leben statt Lyrik!

Das Problem war nur: Welcher deutsche Dichter erfüllte diese Kriterien? Und wer von denen, die sie erfüllten, war vergessen worden? Und überhaupt: Wie fand man einen Vergessenen?

Dass ich mir die Frage erst stellte, nachdem die drei anderen bereits gefunden worden waren, lag daran, dass ich nicht nach ihnen gesucht hatte. Ich war zufällig über sie gestolpert, und mein Glück war, dass sie auf ein- und demselben Abstellgleis standen. Im Grunde war es ganz einfach. Der Tscheche kannte den Engländer, der Engländer kannte den Südafrikaner, und als ich zufällig auf den Südafrikaner stieß und laut »Juhu!« rief, als ich las, dass er schon zu Lebzeiten vergessen worden war, rührten sich auch die anderen beiden.

Jetzt aber war es anders, denn ich hatte einen Plan bzw. den zweifelhaften Wunsch, den Leser übers Land mit meinem Buch zu verbinden. Nur leider hatte ich mich damit selbst aufs Abstellgleis befördert. Denn wie sollte ich einen Vergessenen finden, wenn ich gar nicht wusste, wer alles vergessen worden war? Ich war schließlich kein Literaturhistoriker. (Bin ich noch immer nicht.) Ich hatte keine Ahnung von Dichtern. (Habe ich nach wie vor nicht.) Und was Gedichtbände betrifft, so habe ich in den letzten zwanzig Jahren genau null Stück gelesen – und davor auch nur einen, um nicht durch die verdammte Deutschprüfung zu fliegen.

Das Kriterium für die Auswahl der Dichter konnte also nicht lauten: Kenne ich, ist vergessen worden. Es musste lauten: Ist vergessen worden, muss ich kennenlernen.

Nur: Wie erfährt jemand, der keine Gedichte liest, von Dichtern, die vergessen worden sind? Noch dazu von solchen, die sich nicht nur mit dem Versmaß rumgeschlagen, sondern es mit der ganzen Pracht und Niedertracht des Lebens aufgenommen haben?

II

Wenn man bei sich selbst nicht weiterkommt, muss man bei anderen anfangen.

Ich gebe zu, dass das eine etwas zweifelhafte Logik ist, besonders für jemanden, der sich als Detektiv zu bewähren gedenkt, aber das waren nun mal die Fakten. Und ein Detektiv, der sich nicht an die Fakten hält, wird überhaupt keinen Fall lösen. Noch nicht mal den eigenen. Und siehe da, als ich das akzeptiert hatte, war es gar nicht mehr so schwer, eine passende Suchstrategie zu entwickeln, schließlich konnte es in einer Zeit, in der die Sekundärliteratur das Original dominiert und noch der obskurste Wald-und-Wiesen-Poet einen eigenen Wikipedia-Eintrag besitzt, nur zwei Kriterien für das Vergessen der anderen geben: *Keine* Sekundärliteratur und *keinen* Wikipedia-Eintrag.

Die Kriterien waren damit definiert, und alles, was ich jetzt noch brauchte, war eine Liste mit Schriftstellern, um unter ihnen einen zu finden, der im getreulichen Kampf gegen die Widrigkeiten der Welt zerrieben und schließlich mitsamt seinem Werk vergessen worden war. Also ging ich am nächsten Tag in die Stadtbibliothek, stellte mich vor das Regal mit der Aufschrift »Deutsche Literatur«, holte tief Luft – und schnappte mir das erstbeste Nachschlagewerk, das ich finden konnte.

Es war das *Lexikon deutschsprachiger Schriftsteller. Von den Anfängen bis zur Gegenwart*, herausgegeben vom VEB Bibliographisches Institut Leipzig und veröffentlicht im Jahre 1974. Das heißt in der Neuauflage. Die erste Version des Buches stammte aus dem Jahr 1968, wobei diese wiederum auf einem Lexikon aus dem Jahr 1960 basierte, das wiederum einen Vorläufer …

Um es kurz zu machen: Die Liste war nicht mehr ganz frisch und die Mehrzahl der genannten Autoren wahrscheinlich schon tot, doch war das angesichts der Tatsache, dass ich nach vergessenen Autoren suchte, eher ein Vor- als ein Nachteil. Mit anderen Worten: Es konnte losgehen. Allerdings nicht von vorn, sondern von der Mitte aus, denn das Buch, das vor mir lag, war Band zwei des Gesamtwerkes, die Buchstaben L bis Z. Als ich das Lexikon aufschlug, fand ich ganz vorn ein eingeklebtes Kärtchen, auf dem die bisherigen Ausleihdaten verzeichnet waren. Der letzte Eintrag stammte vom 23. Januar 1978. So wie es aussah, war ich auf dem richtigen Weg.

Kurz darauf hackte ich den Namen des ersten Schriftstellers in die Suchmaschine. Das Ziel war klar: Sobald ich zu einem nichts fand, würde ich anfangen, nach ihm zu forschen. Und die Liste half mir dabei. Es war eine Fahndungsliste, von der ich hoffte, dass sich an wenigstens einer Stelle hinter dem Steckbrief keine weiteren Informationen verbargen. Wahrscheinlich aber würde es viele solcher Stellen geben, wahrscheinlich war das Lexikon voll von Vergessenen. Dann würde ich auswählen müssen. Aber das wäre der zweite Schritt. Der erste bestand darin, mithilfe eines alten Buches aus einem untergegangenen Land einen Vergessenen zu finden, einen Schiffbrüchigen im großen Meer der Literatur, zu dessen Papierinsel noch niemand eine Brücke geschlagen hatte.

Allein, es gab keinen. Über jeden Schriftsteller hatte ein anderer schon etwas geschrieben, und auch über all die Publizisten, Essayisten, Kritiker und Kinderbuchschreiber, die in dem Lexikon verzeichnet waren, hatte irgendjemand einen sekundärliterarischen Beitrag verfasst, und selbst die Funk- und Fernsehautoren waren davon nicht frei. Sogar den Nachdichtern hatten sie eigene Werke gewidmet.

Nach wem immer ich auch suchte, zu jedem fand sich weiterführende Literatur – hier ein Buch, da ein Aufsatz, dort eine Internetseite. Und über diejenigen, die nirgendwo aufgeführt waren, wusste zumindest Wikipedia Bescheid.

Es war wunderbar zu sehen und traurig zugleich. Keiner war vergessen worden, jedem hatte die Zeit einen persönlichen Biografen an die Seite gestellt. Ganze Heere von Autoren hatten sich im Laufe der Jahre auf die Suche gemacht, und alle hatten sie ihren kleinen König gefunden, hatten ihm einen Sockel aus Fußnoten unter die Papierinsel gezimmert und obendrauf einen Thron aus Texten gebaut.

Als ich kam, waren die Landnahmen alle beendet, und ich sah, dass es nichts mehr zu holen gab, dass die anderen vor mir da gewesen waren …

Der Tag endete, wie er begonnen hatte – vor dem Regal mit der Aufschrift »Deutsche Literatur«, nur dass ich diesmal kein Buch rauszog, sondern das Lexikon reinsteckte.

Im Grunde war es ein Akt der Selbstvergewisserung, die Offenbarung des eigenen Tuns vor mir selbst, die finale Bestätigung dessen, was ich den ganzen Tag über gemacht hatte.

Ich hatte elf Stunden lang nach einer Lücke in der Überlieferung gesucht, hatte keine gefunden und führte mir die kleine Niederlage abschließend noch mal vor Augen, indem ich die Lücke in der Reihe der Bücher wieder verschloss.

Als das getan war, beschloss ich, zur Aufheiterung auf der Wikipedia-Startseite zu schauen, wer in den vergangenen Tagen alles gestorben war.

Ich mache das schon seit Jahren. Es ist eine Art Ritual, und vielleicht schreibe ich eines Tages eine Geschichte über einen Mann, der seine Tage damit verbringt, die Todesnachrichten von Schriftstellern zu lesen – nicht, weil er ihrer gedenken, sondern weil er Geld mit ihnen verdienen will. Und das hat auch seinen guten Grund. Der Mann betreibt nämlich ein Antiquariat, doch gehen die Geschäfte schon seit Längerem schlecht, und die einzige Chance für ihn zu überleben besteht darin, die Bücher von frisch Gestorbenen ins Schaufenster zu stellen – und vorher noch ein bisschen was auf den Preis draufzuschlagen. Denn der

Mann weiß: Der Tod ist der Moment, an dem sich die Leute an einen Menschen erinnern, der Tod ist der Moment, an dem sie sentimental zu werden beginnen – und mit nichts lässt sich mehr Umsatz erzielen als mit sentimentalen Leuten.

An diesem Tag, es war der 19. September 2013, war allerdings kein Schriftsteller gestorben, und die Einzigen, die laut Wikipedia das Zwischenzeitliche gesegnet hatten, waren ein japanischer Unternehmer, ein amerikanischer Footballspieler, ein polnischer Philanthrop und eine kanadische Pornodarstellerin.

Nach Bildern der Pornodarstellerin zu googeln erschien mir angesichts ihres Todes ein wenig pietätlos, und nur der Besitz einer entsprechenden Videothek am Rande des Konkurses hätte daran etwas ändern können. Aber erstens besaß ich keinen solchen Filmverleih, zweitens saß ich in einer öffentlichen Bibliothek und drittens versuchte ich nicht die Erinnerung, sondern das Vergessen zu Geld zu machen. Zumindest fiel mir in dem Moment wieder ein, warum ich hier war und dass es darum ging, ein Buch über verloren gegangene Schriftsteller zu schreiben – und dass es eine ziemlich bescheuerte Idee gewesen war, mich von der Aussicht, zehn Bücher mehr zu verkaufen, dazu hinreißen zu lassen, nach einem zu suchen, der hierzulande verschwunden war. Zumindest wenn man dafür elf Stunden lang in einem alten Lexikon Tiefenbohrungen vornehmen musste und am Ende trotzdem nichts fand.

Das heißt, etwas habe ich dann doch noch gefunden, allerdings nicht in dem alten, sondern in dem neuen Lexikon, direkt neben der Spalte mit den Todesnachrichten. Da wurde – unter der Überschrift »Was geschah am 19. September« – von allerlei Gemetzeln, Gesetzen und Geburten berichtet. Und dann stand noch da, dass heute, am 19. September, der internationale »Sprich wie ein Pirat«-Tag sei.

Als ich die Bibliothek verließ, war von dem Piratentag nicht mehr viel übrig. Und selbst wenn es anders gewesen wäre, hätte es nichts an meiner Lage geändert. Ich war ein Freibeuter in einem Meer aus Papier. Ich war auf der Suche nach einem Geisterschiff, das ich überfallen konnte. Ich hatte ein Nudelsieb in der Hand und versuchte damit Wasser zu schöpfen.

III

Am nächsten Tag war natürlich alles vergessen. Ich war zurück in der Bibliothek, zurück in der deutschen Literatur, zurück am Regal. Dort standen jede Menge Lexika, dort würde ich mir ein neues schnappen, dort würde ich etwas finden – und das tat ich dann auch.

Das Lexikon trug den Namen *Die Science-fiction der DDR. Autoren und Werke*, stammte aus dem Jahr 1988 und stellte – da die DDR ein Jahr später selbst zum Objekt für jene Art von retrospektiver Science-Fiction geworden war, die man gemeinhin Geschichtsschreibung nennt – die größtmögliche Sammlung zu dem Thema dar, die es geben konnte. Und hier fand ich dann auch meinen Vergessenen.

Der zu ihm und seinem Werk gehörende Artikel im Lexikon war kurz, weitere Literatur nicht vorhanden und dass er einen Wikipedia-Eintrag besaß, nicht weiter schlimm. Denn erstens bestand der Eintrag nur aus zehn Zeilen (und war damit im Grunde nicht existent), zweitens hatte ich die Auswahlkriterien rein theoretisch, das heißt ohne Kenntnis der Literaturlage festgelegt (und sah mich gezwungen, sie im Wissen um ihre praktische Idiotie wieder zu ändern), und drittens war Freitag (und dazu muss man eigentlich nichts weiter sagen).

Kurzum: Die Sache war klar. Er war der Mann, nach dem ich gesucht hatte. Und ein aufregendes Leben schien er auch gehabt zu haben, zumindest deuteten die wenigen Informationen, die ich über ihn fand, auf allerlei Abenteuerlichkeiten hin … Geburt in dem Ort, in dem die Nazis die V2 produziert hatten, Nachkriegskindheit, Ausbildung im sozialistischen Arbeiter- und Bauernstaat, vielfältiges künstlerisches Interesse, Kontakte zu Joseph Beuys in Düsseldorf, Ärger mit dem Kulturministerium der DDR in Berlin, Berufsverbot, Flucht in die BRD und Neuanfang in einer Stadt, die dafür bekannt ist, dass sich die Leute dort während des Schützenfestes gegenseitig mit Brennnesseln traktieren …

Das klang nach genau der Mischung aus Komödie und Drama, nach der ich gesucht hatte. Und genug Schriftstellerisches war auch dabei, schließlich hatte er, dessen Name ich noch nie zuvor gehört hatte, ein umfangreiches Werk hinterlassen: Romane, Gedichtbände, Kinderbücher, dazu Grafiken, Illustrationen und obendrein sogar noch eine Dissertation.

Dass er nur fünfzig Jahre alt geworden war, passte in das Bild, das ich von ihm hatte – das Bild eines aufregenden Lebens, ein Leben, das nur darauf wartete, erzählt zu werden.

Ich schrieb dem Verlag, der seine Bücher herausgebracht hatte.
Aber niemand schrieb zurück.
Ich versuchte, in Kontakt mit seiner Familie zu treten.
Aber keiner antwortete mir.
Ich fragte eine Reihe von Archiven, ob sie etwas von ihm wüssten.
Aber sie sagten, sie hätten noch nie etwas von ihm gehört.

Nach drei Wochen Arbeit hatte ich nichts in der Hand.
Ich hatte, so schien es, den Vergessensten unter den Vergessenen gefunden.
Ich hatte keine Lust mehr, weiterzusuchen.
Das Lexi konnte mich mal.
Ich gab auf.

IV

In der fünften Folge der ersten Staffel der Fernsehserie *Little Britain* wird der im Rollstuhl sitzende Andy Pipkin von seinem Freund Lou Todd durch die örtliche Leihbücherei geschoben. Lou fragt, ob Andy etwas gesehen habe, das er sich ausleihen möchte. Aber Andy schaut gar nicht hin. Was in den Regalen steht, ist ihm völlig egal. Er glotzt einfach nur starr geradeaus, zeigt irgendwann nach rechts und sagt, ohne auch nur die geringste Ahnung zu haben, worauf er da eigentlich zeigt: »Ich möchte das da.«

Es ist ein Buch über chinesische Geschichte.

Lou versucht Andy davon abzubringen und bietet ihm an, ein anderes zu nehmen. Andy willigt ein, zeigt, ohne hinzuschauen, auf ein anderes Buch und sagt: »Ich möchte das da.«

Es ist ein Buch über die Herkunft der chinesischen Sprache.

Lou versucht es noch mal. Und auch Andy tut, was er kann. Gefragt, welches Buch er haben möchte, zeigt er ein weiteres Mal blindlings nach rechts und sagt: »Ich möchte das da.«

Es ist das zweite Exemplar des Buches über die Herkunft der chinesischen Sprache, das die Bibliothek besitzt.

Lou gibt auf. Andy hat jetzt drei Bücher. Ich dagegen habe mich drei Wochen lang vergeblich um einen Vergessenen bemüht, dazu zwei Lexika, in denen ich erst alles und dann nichts gefunden habe, und schließlich – infolge meines Fernsehkonsums – eine Idee.

V

Am 7. Oktober war ich zurück in der Bibliothek, habe mich vor das Regal mit der Aufschrift »Deutsche Literatur« gestellt, die Augen geschlossen, ein paar Schritte getan, irgendwo angehalten, die Hand ausgestreckt und »Ich möchte das da« gesagt.

Als ich die Augen wieder geöffnet habe, hatte ich ein Reclam-Buch in der Hand. Es war speckig, abgegriffen und an allen Ecken geknickt. Der Einband war eingerissen, und der Buchrücken hielt den Inhalt nur noch mit Klebestreifen zusammen. So wie es aussah, hatten schon viele das Buch in den Händen gehabt, und mein Kopf sagte mir, dass das kein gutes Kriterium war, um darin einen Vergessenen zu finden.

Das Werk nannte sich *DDR-Porträts*, wobei das »DDR« auf dem Cover vom Etikett mit der Bibliotheks-Signatur überklebt war, als müsse das Verschwinden eines Landes auch visuell zum Ausdruck gebracht werden. Die Signatur lautete 74-8-15711, wobei die erste Zahl für das Erscheinungsjahr stand – was bedeutete, dass man das Buch im gleichen Jahr wie das Lexikon veröffentlicht hatte, woraufhin sich mein Kopf ein zweites Mal meldete und mir mitteilte, dass das kein gutes Omen sei.

Dass ich das Buch trotzdem nicht zurück ins Regal gestellt habe, lag daran, dass es fast 600 Seiten hatte. Vielleicht, so dachte ich mir, hatten sie zwischen zweien von ihnen ja einen vergessen.

Allerdings war das mit dem Vergessen so eine Sache. Und mit dem Buch sowieso. Erstens befand sich unter den mehr als fünfzig Porträtierten kaum einer, der Schriftsteller war, und zweitens hatte man den beschriebenen Personen durch die Texte bereits ein Denkmal gesetzt, weshalb meine einzige Chance, in dem Buch einen vergessenen Schriftsteller zu finden, darin bestand, statt nach den Porträtierten nach den Porträt*schreibern* zu suchen und zu hoffen, dass einer von ihnen unter dem Radar der Nachkommenden durchgerutscht war.

Und so ging's dahin. Name des Porträtschreibers aus dem Buch raus, Name des Porträtschreibers in die Suchmaschine rein, und wenn da nichts war, dann ab damit in den Bibliothekskatalog, in eine Fachdatenbank, ins Deep Web, so weit und tief, wie's nur ging, immer in der Hoffnung, auf eine Leerstelle, eine Lücke, einen Vergessenen zu stoßen – ein komplett irrsinniges Tun, getrieben von der Suche nach nichts und gespeist von den Namen eines mit Klebestreifen vorm Herausfallen bewahrten Inhaltsverzeichnisses ... Walther Victor, Jan Koplowitz, Peter Nell, Maximilian Scheer, Paul Wiens, Erwin Strittmatter, Dieter Noll, Max Schroeder, Louis Fürnberg, Anna Seghers, Stephan Hermlin, Günter Kunert, Olaf Badstübner, Stefan Heym, Bernhard Seeger, Bodo Uhse, Franz Fühmann, Barbara und Werner Bräunig, Ernst Schumacher, Hasso Grabner, Treffer ...

Das heißt eigentlich kein Treffer. Nichts. Nichts außer einem Zeitungsartikel, der mit den Worten begann: »Welch eine Lebensgeschichte. Dass sie nie niedergeschrieben wurde, ist erstaunlich und bedauerlich zugleich ...«

Was folgte, war ein Bericht über eine Gedenkveranstaltung anlässlich von Hasso Grabners 100. Geburtstag, gepaart mit einem kurzen Abriss seiner Lebensgeschichte: geboren 1911, Buchhändler, Kommunist, Häftling in Buchenwald, Wehrmachtssoldat in einem Strafbataillon, nach dem Krieg Generaldirektor der gesamten ostdeutschen Stahlindustrie, anschließend Werkleiter im Großkombinat »Schwarze Pumpe«, zwischendurch immer wieder von der SED degradiert, zahlreiche Parteistrafen, trotzdem immer wieder aufgestanden und das Leben mit pragmatischer Heiterkeit angepackt, später Karriere als Schriftsteller, zahlreiche Romane und Lyrikbände, das Werk heute weitgehend vergessen – ein irrsinniges Leben, eine wahnwitzige Biografie …

Nur: Warum um alles in der Welt hatte noch niemand über diesen Hasso Grabner geschrieben? Und warum wusste noch nicht mal Wikipedia Bescheid? Wie konnte es sein, dass ein Mensch mit einer solchen Lebensgeschichte vergessen worden war?

VI

Wenn der Detektiv seinen Vergessenen gefunden hat, besteht seine erste Aufgabe darin, das Leben des Unbekannten zu rekonstruieren. Seine zweite und in gewissem Sinne ungleich schwerere Aufgabe aber ist es, Gründe für das Vergessen zu finden.

Um es kurz zu machen: Ich weiß nicht, warum Hasso Grabner in Vergessenheit geraten ist. Aber ich weiß, dass er, als ich mich auf die Suche nach ihm gemacht habe, ein weiteres Mal verschwunden ist.

In den Büchern, die von jenen Orten berichten, an denen sich Hasso Grabner aufgehalten hat, findet sich jedenfalls kaum ein Wort über ihn. In den meisten Schriften wird sein Name nicht mal erwähnt, und selbst da, wo er auftaucht, ist er nur eine Marginalie, eine Fußnote im großen Spiel der Geschichte, eine weitere Randfigur, die, auf den Bruchkanten der Ereignisse stehend, in die Abgründe des Jahrhunderts geblickt hat.

Während ich in den Büchern und Schriften nach Hasso Grabner gesucht habe, hatte ich mitunter das Gefühl, als wären die wenigen Fakten, die ich von ihm kannte, nichts als Fiktionen, als wäre Hasso Grabners Leben eine bloße Erfindung und nichts von alldem wirklich passiert. Es war, als wäre er nie im Zuchthaus von Waldheim gewesen, als hätte er nie in der Bibliothek von Buchenwald gearbeitet, als hätte der deutsche Feldzug in Griechenland ohne ihn stattgefunden. Und doch war er überall dabei, und wenn ich jetzt so darüber nachdenke, dann ist es mir, als habe sich im Papierwald der Bücher genau das als »Unglück« wiederholt, was sich im Lager von Buchenwald als »Glück« ereignet hat.

Hasso Grabner war zu klein, um aufzufallen, und zu groß, um von der Geschichte immer nur mit weggerissen zu werden. Er war »ein Held zweiter Klasse«, einer, der nicht in der vordersten Reihe stand und damit uninteressant für diejenigen war, die über Leben oder Tod, über Erinnern oder Vergessen entschieden – für die Historiker und Henker.

Für sie war Hasso Grabner nicht mal dritte Wahl, weshalb sie ihn erst am Leben ließen und dann vergaßen und es einer kleinen Jubiläumsfeier bedurfte, bis jemandem auffiel, dass sein Leben erstklassigen Stoff für eine Geschichte bot.

Aber selbst wenn der Grund für Hasso Grabners Verschwinden ein anderer war – was zählt, ist, dass ich ihn gefunden habe. Mithilfe eines Zeitungsreporters, der mir einen Hinweis auf sein verrücktes Leben gegeben hat. Mithilfe von Hasso Grabners Frau, die mich zu sich einlud, um mir von ihrem Mann zu erzählen. Und mithilfe eines dicken Stapels Akten, die jemand aus den Untiefen eines Archivs herauszog und mir mit den Worten überreichte, das, was da drinstünde, dürfte ich eigentlich gar nicht lesen.

Aber so ist das nun mal: Wenn dem Detektiv die Wahrscheinlichkeiten ausgehen, kommt ihm der Zufall zu Hilfe. Und ein paar Leute, die es gut mit ihm meinen. Und dann – dann muss er die einzelnen Teile nur noch zusammenfügen. Und irgendwann, ein paar Schritte später, beginnt dieses Buch …

Danke

Ein Buch über Hasso Grabner zu schreiben bedeutete vor allem, verloren gegangene Spuren zu finden und, als ich sie endlich entdeckt hatte, sie lesen zu lernen. Dazu bedurfte es in diesem Fall nicht nur unzähliger Bücher, Akten und sonstiger Quellen, sondern auch und gerade einer Reihe von Leuten, die mir geholfen haben, die an allen erdenklichen und mitunter auch unerdenklichen Stellen liegenden Puzzleteile zu orten, zu sichten und zusammenzusetzen. Ich danke deshalb ganz herzlich:

Sigrid Grabner – die mich an Hasso Grabners Leben hat teilnehmen lassen
Sabine Stein – für die Unterstützung meiner Recherchen in Buchenwald
Sylvia Ehl – für die Dokumente über Grabners Zeit im KZ
Sascha Lange – für das Protokoll über Grabners Arbeit als Jungkommunist
Hans-Peter Klausch – für seine Auskünfte zur Strafdivision 999
Doris Ullrich – für die Nachforschungen zu Hasso Grabner auf Korfu
Jim Potts – für die Fotos und Dokumente über Korfu im Krieg
Hans Herwig Brunner – für die Nachforschungen zum Reservelazarett Neunkirchen
Rüdiger Bernhardt – für die Informationen über den Zirkel schreibender Arbeiter in Leuna
Gerald Kolditz – für das Auffinden von Grabners Akten im Sächsischen Staatsarchiv zu Leipzig

Literaturauswahl

Die folgende Liste enthält all jene Werke, aus denen im Text direkt zitiert worden ist sowie eine Auswahl von Büchern, die geholfen haben, die Zusammenhänge von Hasso Grabners wundersamer Lebensgeschichte besser zu verstehen.

Loslaufen

Sigrid Grabner: Jahrgang '42. Mein Leben zwischen den Zeiten, Leipzig 2003

Keiner weiß mehr

Frauke Gränitz (Hrsg.): Daten und Fakten zur Leipziger Stadtgeschichte, Leipzig 2013

Sascha Lange: Meuten – Broadway-Cliquen – Junge Garde. Leipziger Jugendgruppen im Dritten Reich, Köln 2010

Hinter den Mauern – die Stadt

Martin Habicht: Haftbedingungen und antifaschistischer Kampf im Zuchthaus Waldheim 1933–1945, Berlin/Ost 1988

Karl May: Mein Leben und Streben (Nachdruck), Hildesheim 1997

Hainer Plaul: »Besserung durch Individualisierung«. Über Karl Mays Aufenthalt im Arbeitshaus zu Zwickau von Juni 1865 bis November 1868, in: Jahrbuch der Karl-May-Gesellschaft 1975, S. 127–199

Weimar

Hasso Grabner: In memoriam Pfarrer Schneider, in: Kommunistische Partei Deutschlands, Stadt und Kreis Leipzig (Hrsg.): Das war Buchenwald! Ein Tatsachenbericht, Leipzig 1945, S. 89–94

Lutz Niethammer (Hrsg.): Der »gesäuberte« Antifaschismus. Die SED und die roten Kapos von Buchenwald, Berlin 1994

Torsten Seela: Bücher und Bibliotheken in nationalsozialistischen Konzentrationslagern. Das gedruckte Wort im antifaschistischen Widerstand der Häftlinge, Berlin 1992

Karl Heinrich Stein: Tilman Riemenschneider im deutschen Bauernkrieg. Geschichte einer geistigen Haltung, Wien 1936

Weggehen

Hans Burkhardt / Günter Erxleben / Kurt Nettball: Die mit dem blauen Schein. Über den antifaschistischen Widerstand in der 999er Formationen der faschistischen deutschen Wehrmacht (1942–1945), Ost-Berlin 1986[2]

Hans-Peter Klausch: Die 999er. Von der Brigade »Z« zur Afrika-Division 999. Die Bewährungsbataillone und ihr Anteil am antifaschistischen Widerstand, Frankfurt/Main 1986

Griechische Geschichte – ein Abriss

Hagen Fleischer: Im Schatten der Kreuzmächte. Griechenland 1941–1944 (2 Bände), Frankfurt/Main 1986

Gert Fricke: Das Unternehmen des XXII. Gebirgsarmeekorps gegen die Inseln Kefalonia und Korfu im Rahmen des Falles »Achse« (September 1943), in: Militärgeschichtliche Mitteilungen 1/1967, S. 31–58

Hasso Grabner: Der Streit um die Partisanen, Ost-Berlin 1958

Christoph Schminck-Gustavus: Kephallonia 1943–2003. Auf den Spuren eines Kriegsverbrechens. Bremen 2004

Gerhard Schreiber: Die italienischen Militärinternierten im deutschen Machtbereich 1943 bis 1945, München 1990

Heimgehen

Hermann Frank Meyer: Blutiges Edelweiß. Die 1. Gebirgs-Division im Zweiten Weltkrieg, Berlin 2008

Zwischenakt – Leipzig, April '45

Jürgen Möller: Die letzte Schlacht, Leipzig 1945, Bad Langensalza 2014

Gerhard Steinecke: Drei Tage im April, Kriegsende in Leipzig, Leipzig 2005

Zu Hause

Günter Bayerl (Hrsg.): Braunkohleveredelung im Niederlausitzer Revier. 50 Jahre Schwarze Pumpe, Münster 2009

Arnolt Bronnen: Deutschland. Kein Wintermärchen. Eine Entdeckungsfahrt durch die Deutsche Demokratische Republik, Ost-Berlin 1956

Ausschreiben

Heinz Czechowski: Die Pole der Erinnerung. Autobiographie, Düsseldorf 2006

Hasso Grabner: Die Zelle, Halle/Saale 1968

Ideologische Kommission der SED (Hrsg.): Protokoll der von der Ideologischen Kommission beim Politbüro des ZK der SED und dem Ministerium für Kultur im Kulturpalast des Elektrochemischen Kombinats Bitterfeld abgehaltenen Konferenz, Ost-Berlin, 1959/1964

Klubleitung VEB Leuna-Werke »Walter Ulbricht« (Hrsg.): Neues Lied, das da beginnt …, Wittenberg 1960

Thomas Reichel: »Sozialistisch arbeiten, lernen und leben«. Die Brigadebewegung in der DDR (1959–1989), Köln 2011

VEB Leuna-Werke »Walter Ulbricht« (Hrsg.): Neues Lied, das da beginnt. Brigadetagebuch. Versuch einer fotografisch-literarischen Neugestaltung mit Arbeiten des »Zirkels schreibender Arbeiter« des VEB Leuna-Werke »Walter Ulbricht«, Leipzig 1963

Wolf Wondratschek: Ein Bauer zeugt mit einer Bäuerin einen Bauernjungen, der unbedingt Knecht werden will, München 1970